Klaus Zierer

Ein Jahr zum Vergessen

Klaus Zierer

Ein Jahr zum Vergessen

Wie wir die drohende Bildungskatastrophe nach Corona verhindern

HERDER

FREIBURG · BASEL · WIEN

© Verlag Herder GmbH, Freiburg im Breisgau 2021
Alle Rechte vorbehalten
www.herder.de

Satz: ZeroSoft, Timişoara
Herstellung: GGP Media GmbH, Pößneck

Umschlaggestaltung: Gestaltungssaal, Rohrdorf
Umschlagmotiv: © maroke/shutterstock
Printed in Germany

ISBN: 978-3-451-07228-4
ISBN E-Book (E-Pub): 978-3-451-82585-9
ISBN E-Book (E-PDF): 978-3-451-82583-5

Inhalt

Vorwort

Das vorliegende Buch habe ich vornehmlich aus der Sicht eines Professors für Schulpädagogik geschrieben, aber auch als ehemaliger Lehrer und als Vater von drei Kindern. Die Coronapandemie hat gesamtgesellschaftlich vieles verändert und gerade die Familien gefordert. Mehr als jemals zuvor sind sie zum Zentrum für Bildung geworden.

Was ich selbst in den letzten Monaten erlebt habe, hat mich immer wieder angespornt, in der Tagespresse Stellung zu nehmen und mich in die öffentliche Meinungsbildung einzubringen. Meines Erachtens wurde zwar viel über die Maßnahmen zur Eindämmung der Coronapandemie diskutiert, aber nicht aus der Perspektive der Kinder und Jugendlichen. Bis heute sind sie für mich jener Teil der Gesellschaft, der zu wenig Gehör findet. Daran ändern auch die immer wieder zu vernehmenden Lippenbekenntnisse von politischer Seite nichts.

Wenn ich auf meine drei Kinder blicke – Quirin geht in die erste Klasse, Zacharias macht gerade seinen Übertritt und Viktoria besucht die sechste Klasse –, dann erfüllt es mich mit Sorge, dass sie in den letzten zwölf Monaten mehr Zeit zuhause verbracht haben als in der Schule. Wie soll ein junger Mensch sich entwickeln können, wenn er von der Außenwelt abgeschottet werden soll, von Freunden isoliert wird, immer wieder in Quarantäne muss und all das, was das Leben lebenswert macht, nicht tun darf? Lernen zuhause ist eine Herausforderung und kann Schule nicht ersetzten. Zu sehr fehlen die Kraft der Gleichaltrigen, ja auch die Kraft der Lehrpersonen und die Kraft der Schule.

Wir sind als Familie nicht gefallen, aber des Öfteren gestrauchelt. Die Coronapandemie hat das familiäre Gefüge immer wieder erschüttert. In diesen Momenten habe ich mir vorgestellt, wie es Familien gehen muss, die nicht die Voraussetzungen haben wie wir: Familien, die keine pädagogischen Vorkenntnisse mitbringen, die kein gesichertes Einkommen haben, in denen beide Elternteile arbeiten müssen, die in der engen Stadt leben und nicht auf dem weiten Land, die täglich um ihre Existenz kämpfen müssen und die Pflegefälle im engeren Umfeld haben. Das Klima der Sorge muss in diesen Familien um ein Vielfaches größer sein und im schlimmsten Fall zu einem Klima der Angst werden. Wem dieser Perspektivenwechsel nicht gelingt oder, schlimmer noch, wen er kaltlässt, der sollte nicht in die Politik gehen. Denn die damit verbundene Frage der Bildungsgerechtigkeit ist eine der Kernfragen der Demokratie. Fällt sie politischem Geplänkel zum Opfer, so droht auch der Demokratie ein Ende. Alle Kinder und Jugendlichen haben ein Recht auf bestmögliche Bildung. Man wird nicht als Bildungsverlierer geboren, man wird zum Bildungsverlierer gemacht. Kein Mensch darf zurückgelassen werden.

Das Bildungssystem hat es bis heute nicht geschafft, Lösungen anzubieten, wie diese politische Maxime umgesetzt werden kann. Dabei war man nicht tatenlos, und es wurde viel Geld in das Bildungssystem gesteckt. Aber wie so oft wurden die damit finanzierten Maßnahmen nicht zu Ende gedacht, so dass vieles schnell verpuffte. Häufig wurde nur das Oberflächliche in den Blick genommen, aber nicht in die Tiefe geschaut. Das digitale Aufrüsten der Kinderzimmer mit Endgeräten ist so ein Beispiel: Weder ist es Garant für Bildungserfolg, noch darf es ohne pädagogische Begleitung passieren. Dabei spreche ich bewusst vom

Bildungssystem, denn es geht nicht nur um die Bildungspolitik, nicht nur um die Schulen, nicht nur um die Lehrpersonen. Bildung ist eine gesamtgesellschaftliche Aufgabe, und alle Bürgerinnen und Bürger eines Landes tragen Verantwortung für die nächste Generation.

So sind heute Kollateralschäden der Maßnahmen zur Eindämmung der Coronapandemie deutlich sichtbar, und sie treffen Kinder und Jugendliche besonders hart. Ohne Zweifel sind die Lernleistungen zurückgegangen. Ebenso hat die körperliche Verfassung Schaden genommen, und auch die psychosoziale Entwicklung hat gelitten. Die Gesundheit von Kindern und Jugendlichen ist ebenso angezählt wie ihre Bildung. Wir müssen anerkennen, dass Kinder und Jugendliche die Leidtragenden der Krise sind.

Die Coronapandemie hat das Bildungssystem erschüttert und gleichzeitig bekannte Schwachstellen in einer dramatischen Art und Weise offengelegt. Wir stolpern aus bildungspolitischer Sicht durch diese Krise und schaffen es nicht, Kindern und Jugendlichen eine Bildungsperspektive zu geben. Man kann sich des Eindruckes kaum erwehren, dass die Bildungspolitik hiervor die Augen verschließt – sowohl vor den Kollateralschäden als auch vor den bekannten Schwachstellen. Die Verantwortung der älteren Generation für die jüngere Generation verbietet ein solches Wegschauen. Es ist Zeit für einen Weckruf.

Die Bildung von Kindern und Jugendlichen ist nicht nur die wichtigste Ressource eines Landes. Die nächste Generation ist das Wertvollste, was eine Gesellschaft hervorbringt. Kinder und Jugendliche gehören niemandem. Vielmehr übergeben wir ihnen diese eine Welt, wie wir sie von unseren Müttern und Vätern übernommen haben und meist nach bestem Wissen und Gewissen gestaltet haben. Es ist also unsere Verantwortung, wie wir Kinder und Jugendliche in diese eine Welt führen. Wir brauchen ein Klima des Vertrauens und Zutrauens, ein Klima der Geborgenheit und Freude, ein Klima, in dem der Mensch nicht nur aus einem Kopf besteht, sondern auch aus einem Leib und einer Seele, ein Klima, in dem die kognitive Leistung, so wichtig sie auch ist, nicht über allen anderen Dimensionen des Menschen steht. Wir brauchen ein Klima, in dem das soziale Miteinander wichtig ist, in dem der Mensch mit all seinen Möglichkeiten einen Platz bekommt, Gehör findet und mit allen zur Verfügung stehenden Kräften unterstützt wird.

Vor diesem Hintergrund ist dieses Buch entstanden. Es ist vor allem für alle Kinder und Jugendlichen sowie ihre Familien geschrieben, die in der Coronapandemie gespürt haben, wie ein Bildungssystem ins Wanken gerät und der Zeit hinterherhinkt. Ebenso richtet es sich an alle, die in bildungspolitischer Verantwortung stehen oder Teil des Bildungssystems sind. Vielleicht gelingt es dem Buch, die Perspektive der Lernenden zu vermitteln. Denn nur aus ihren Augen lässt sich ein Bildungssystem sinnvoll reformieren.

Erfreulicherweise erreichten mich auf meine Beiträge in der Tagespresse hin viele Zuschriften; neben wenigen kritischen Stimmen, die immer willkommen sind, vor allem viel Zustimmung. Diese ermutigte mich, an die Ausarbeitung des vorliegenden Buches zu gehen. Für die Möglichkeit einer zügigen Publikation danke ich Patrick Oelze vom Herder Verlag, der mich von Anfang an mit Begeisterung und Tatkraft begleitete. Der Titel stammt übrigens von Paul Munzinger, seines Zeichens Redakteur bei der *Süddeutschen Zeitung*. Er hat diesen für einen meiner Beiträge gewählt: Ein Jahr zum Vergessen. Dieser Titel machte die Runde, und ich danke Paul Munzinger für seine Kreativität und seine Zustimmung zur Titelübernahme. Die Doppeldeutigkeit ist es, die vielen Menschen aus der Seele gesprochen hat: Ein Jahr zum Vergessen, weil Kinder und Jugendliche, Eltern und auch Lehrpersonen das letzte Jahr gern hinter sich lassen würden und nicht mehr daran erinnert werden wollen. Zu schwer, zu herausfordernd, zu belastend waren viele Situationen. Und auch ein Jahr zum Vergessen im Hinblick auf die Bildung. Kinder und Jugendliche haben vieles vergessen. Lernrückstände sind deutlich erkennbar, körperliche Defizite lassen sich nicht vertuschen und auch die soziale Entwicklung hat Schaden genommen durch die Maßnahmen zur Eindämmung der Coronapandemie.

So treffend die Zuspitzung des Titels auch ist, ich möchte nicht auf der Ebene des Alarmismus und der Ohnmacht stehen bleiben. Vielmehr ist es mein Anliegen, nach vorne zu schauen. Als Schulpädagoge bin ich fest davon überzeugt: Wir Menschen können vieles schaffen und vieles erreichen. Wenn, ja wenn es uns gelingt, unsere Kräfte zu bündeln, unsere Urteilskraft auf Vernunft zu gründen und durch gemeinsame Dialoge zu schärfen sowie Tatendrang in Schaffenskraft zu überführen. Dann haben wir auch jetzt noch die Möglichkeit, eine drohende Bildungskatastrophe abzuwenden. Es bleibt zwar nicht mehr viel Zeit. Aber mit Entschlossenheit kann es uns allen gelingen.

Das vorliegende Buch möchte hierfür einen Beitrag leisten, indem es neben der Diagnose der aktuellen Lage auch Perspektiven für eine Schule der Zukunft eröffnet. Schule neu zu denken und damit auch Bildung neu zu denken, das ist das Gebot der Stunde. Alle Leserinnen und Leser werden eingeladen, sich kritisch-konstruktiv mit meinen Überlegungen auseinanderzusetzen, damit wir gemeinsam eine zukunftsfähige Bildungsvision für unsere Kinder und Jugendlichen entwickeln können.

Marklkofen, im Mai 2021

Klaus Zierer

1. Die Coronapandemie und die Maßnahmen gegen sie aus pädagogischer Sicht

Seit geraumer Zeit hält die Coronapandemie die Welt in Atem. Die ergriffenen Maßnahmen wirken nicht immer wie erhofft und ziehen Kollateralschäden nach sich, die nicht unbeachtet bleiben dürfen. Denn bei aller Dringlichkeit, die Gesundheit der Menschen zu schützen: Gesundheit hat neben der körperlichen Unversehrtheit auch eine psychische und soziale Komponente, und alle drei hängen voneinander ab. Ein Mensch beispielsweise, der körperlich gesund ist, kann dennoch krank sein, wenn er psychische Leiden hat oder sozial isoliert ist – das Umgekehrte gilt natürlich entsprechend. Nicht selten führt dann eine Krankheitserscheinung in den genannten Bereichen dazu, dass die Gesundheit des Menschen insgesamt Schaden nimmt: Aus körperlicher Versehrtheit kann eine psychische Störung folgen, aus einer psychischen Belastung können körperliche Beeinträchtigungen erwachsen usw. Dieser Gesundheitsbegriff gilt im übertragenen Sinn ebenso für Systeme wie die Familie, die Wirtschaft oder die Schulen.

Blickt man auf die Schulen, so mehren sich die Hinweise, dass eine Bildungskatastrophe droht und vor allem Kinder und Jugendliche aus bildungsfernen Milieus besonders betroffen sind. Zweifelsfrei ist gerade in Deutschland die Bildungsschere immer schon beachtlich, was nicht zuletzt mit der Vielfalt der kulturellen Prägung in den Elternhäusern zu tun hat – Bildungsungleichheiten sind somit ein Teil des pädagogischen Kerngeschäftes. Aber die schulischen Maßnahmen, die zur Eindämmung der Coronapandemie ergriffen wurden, haben diese Situation massiv verschärft und tun dies noch weiter. Bildungsungerechtigkeit nimmt also massiv zu. Eine Bildungskatastrophe droht.

Nun wäre es falsch, der Bildungspolitik vorzuwerfen, nichts getan zu haben. Ganz im Gegenteil: Es ist viel unternommen und auch viel Geld ausgegeben worden. Aber wie so oft ist zu erkennen: Bildungserfolg stellt sich nicht allein deswegen ein, weil das Bildungssystem eine Finanzspritze erhält. Zudem führt nicht jede noch so gut gemeinte Maßnahme zum Erfolg – vor allem dann nicht, wenn sie nicht zu Ende gedacht worden ist und die betroffenen Akteure nicht angemessen mitgenommen werden. Dies sind allen voran die Lernenden, die Lehrpersonen und die Eltern. Bildung ist eine der wichtigsten Aufgaben einer Gesellschaft, weil sie der Garant für ökonomischen, ökologischen und sozialen Wohlstand ist. Und Bildung ist auch eine komplexe Angelegenheit und fordert alle Beteiligten.

Allein schon der Versuch, den Bildungsbegriff zu bestimmen, schreckt viele ab. Dem Diskurs tut dies nicht gut. Denn die Klarheit in den Begriffen geht einher mit der Klarheit im Denken und der Klarheit im Handeln. Ohne ein umrissenes Leitmotiv lässt sich keine Bildungspolitik betreiben. Insofern ist es unumgänglich, den Begriff der Bildung zu skizzieren und darauf aufbauend auf die bereits angesprochenen Begriffe der Bildungsungleichheiten und der Bildungsgerechtigkeit einzugehen. Beide sind heute politische Kampfbegriffe und werden in Wahlen immer wieder hervorgeholt. Trotz einer damit verbundenen Alltäglichkeit, einfach zu verstehen sind sie nicht: Was sind schon Ungleichheiten? Was ist Gerechtigkeit? Und wie lässt sich beides in Verbindung mit dem Bildungsbegriff verstehen? Auch von einer Bildungskatastrophe ist nicht zum ersten Mal die Rede, ich werde die in Deutschland schon einmal geführte Debatte zu diesem Begriff nachzeichnen. Diese historische Rückschau ist hilfreich, ja notwendig, um die Gegenwart besser zu verstehen und schlüssige Konzepte für die Zukunft formulieren zu können.

Es sind drei Teilaspekte, die im Folgenden beleuchtet werden und damit den Grundstein für das vorliegende Buch legen: erstens die Skizzierung der Maßnahmen im pädagogischen Bereich, die zur Eindämmung der Coronapandemie ergriffen worden sind. Zweitens die Rückschau auf die Bildungskatastrophe in den 1960er Jahren. Und drittens die Klärung der Begriffe Bildung, Bildungsungleichheiten und Bildungsgerechtigkeit.

Schulschließungen als Bildungskatastrophe?

Als am 31. Dezember 2019 eine neue Form einer Lungenentzündung in Wuhan, China, bestätigt wurde, kam es zwar weltweit zu einer Berichterstattung in den Medien, aber weitere politische Maßnahmen wurden noch nicht ergriffen. Erst als sich die Erkrankung unter dem Namen COVID-19 in China zu einer Epidemie entwickelte und schnell über die ganze Welt Ausbreitung fand, reagierten alle Länder auf diese Situation. Die sogenannte Coronapandemie war fortan bestimmend in allen Regionen und in allen Bereichen des Lebens.

Neben Abstand halten, Hygiene beachten und im Alltag Maske tragen, bekannt als AHA-Regeln, kam es seit März 2020 in vielen Länder immer wieder zu Lockdown-Maßnahmen, in denen das öffentliche Leben weitestgehend heruntergefahren wurde. Auch Schulen waren davon betroffen und wurden für längere Zeit geschlossen – teils für mehrere Wochen, teils für mehrere

Monate, teils bis heute. Das Ziel der Maßnahmen liegt auf der Hand: Soziale Kontakte sollen begrenzt werden, um die Ausbreitung des Virus einzudämmen. Um dennoch den Bildungs- und Erziehungsauftrag umsetzen zu können, wurde dort, wo es möglich war, Distanzunterricht angeboten. In den Medien hat sich hierfür schnell der Begriff „Homeschooling" etabliert. Auch wenn er für Deutschland irreführend ist, weil ein Hausunterricht nicht erlaubt ist, trifft er den Kern des Problems: Die Grenzen zwischen dem familiären System und dem Schulsystem verschwimmen, was vielerorts für große Herausforderungen sorgte. So sahen sich manche Familien gut gerüstet, ihre Kinder beim Lernen zu unterstützen, während andere daran scheiterten. Dass es vor allem bildungsferne Milieus und sozial benachteiligte Familien schwerer haben, ist hinlänglich bekannt und liegt angesichts der zahlreichen Studien zu Bildungsungleichheiten nahe.

Auch in Deutschland kam es zu Schulschließungen. Bis heute sind sie ab einer bestimmten Inzidenz das Mittel der Wahl. Begleitet wurden Schulschließungen von einem Digitalisierungsschub, der sich auf die Ausstattung von Schulen und auf die Aufrüstung der Kinderzimmer konzentrierte. Zusätzlich zu den fünf Milliarden Euro des „DigitalPakt Schule" aus dem Jahr 2018, die bis heute nicht vollständig abgerufen sind, stellte der Bund 500 Millionen Euro im Sommer 2020 zur Verfügung, um Lernende mit Tablets auszustatten. Derselbe Betrag kam nochmals obendrauf, um Lehrpersonen ein Dienstgerät in die Hand zu drücken. Viele Bundesländer legten noch weiter nach. Daneben wurden Masken angeschafft, Spuckschutzwände aufgebaut, Leitsysteme aufgezeichnet und teilweise Raumfilter und Lüftungsanlagen installiert. Neben Präsenzunterricht und Distanzunterricht kam als weitere Form der Beschulung der Wechselunterricht hinzu, bei dem die Klasse halbiert wird und somit weniger Kinder in der Schule sind. Abschlussjahrgänge kamen generell schneller in die Schulen als andere. Mit diesen Maßnahmen war die bildungspolitische Hoffnung verbunden, dass genug getan worden ist, um auch in Pandemiezeiten für Bildungserfolg zu sorgen – und zwar für alle Lernenden.

Nimmt man allein die Zeiten, in denen Kinder und Jugendliche nicht in der Schule waren, so kommen schnell einige Wochen zusammen. Je nach Alter der Lernenden, Bundesland und Inzidenzwerten blicken manche auf ein Jahr zurück, in dem sie mehr Zeit zuhause verbrachten als in der Schule. Insofern sind bei dieser Generation bereits zwei Schuljahre massiv durch die Coronapandemie betroffen. Dass all das auf Dauer nicht ohne Folgen bleibt, wurde bildungspolitisch lange ignoriert. Später kamen Lippenbekenntnisse hinzu: Nach den ersten Schulschließungen im Frühjahr 2020 dürften Kinder nicht nochmals die Leidtragenden sein, und Schulen müssten offen bleiben, hieß es allerorten. Die Realität holte dieses Gerede schnell ein. Während die Industrie weiter produzierte und der Fußball im Profibereich rollte, mussten Kinder und Jugendliche wieder allein vor den Bildschirmen lernen. Bis heute verwundern Aussagen von so manchem Ministerpräsidenten, dass das alles doch bestens funktioniere.

Derweil muss man nur in bildungsferne Milieus blicken, sozial benachteiligte Familien aufsuchen oder mit Kindern und Jugendlichen sprechen. Sie leiden unter der Situation. Zudem gibt es immer mehr Studien, die das Ausmaß des Dramas vor Augen führen. Denn nicht nur die Lernleistungen gehen zurück, sondern es kommt auch zu einer Zunahme von psychischen und psychosomatischen Krankheitsbildern sowie zu körperlichen Beeinträchtigungen. Die psychische, physische und soziale Gesundheit von Kindern und Jugendlichen sind betroffen.

Ebenso wie in der medizinischen Bekämpfung der Coronapandemie ist es daher höchste Zeit, auch im pädagogischen Bereich endlich auf die Wissenschaft zu hören. Aber allzu viel Zeit bleibt nicht mehr. Die Bildungskatastrophe ist im vollen Gang.

Vielleicht mag der Einwand kommen, dass es alarmistisch sei, von Bildungskatastrophe zu sprechen. Denn so schlimm sei doch alles nicht. Dem ist zweierlei entgegenzuhalten: Zum einen ist das ganze Ausmaß der Bildungskatastrophe empirisch zu belegen, was im zweiten Kapitel des vorliegenden Buches getan wird. Zum anderen ist festzustellen, dass der Begriff der Bildungskatastrophe in Deutschland bereits eine Geschichte hat und als Triebfeder einer Debatte diente, deren Ausgangssituation durchaus bedrohlich war. Aber im Vergleich zur aktuellen Situation erscheint sie harmlos. Denn die Missstände von damals sind nicht einmal im Ansatz mit denjenigen von heute vergleichbar. Nicht umsonst hat der Bund im Frühjahr 2021 verkündet, eine Milliarde Euro für ein Nachhilfeprogramm bereitzustellen. Das Bewusstsein für die Probleme scheint von Tag zu Tag deutlicher zu werden.

Die Bildungskatastrophe der 1960er Jahre – und die Lehren daraus

Es war in erster Linie der Pädagoge, Philosoph und Theologe Georg Picht (1913–1982), der den Begriff der Bildungskatastrophe einführte. Ausgangspunkt war eine Artikelserie in der Wochenzeitung *Christ und Welt* im Jahr 1964. Diese zählte damals zu den auflagenstärksten und einflussreichsten Printmedien der noch jungen Bundesrepublik Deutschland. In seinen Beiträgen analysierte Georg Picht das deutsche Bildungssystem mithilfe umfangreicher Daten. Seine Diagnose war eindeutig: Deutschland stehe vor einer Bildungskatastrophe, die zu gravierenden Nachteilen im internationalen Vergleich führen werde und sogar eine Gefährdung der Demokratie zur Folge haben könne.

Die Gründe für die Bildungskatastrophe sah Georg Picht mindestens in den folgenden vier Punkten: Erstens stellte er einen Lehrermangel fest, der auf Dauer zu größeren Nachteilen führte. Zweitens kritisierte er, dass es zu wenig Abiturientinnen und Abiturienten gab. Drittens mahnte er wegen einer ungerechten Verteilung von Bildungschancen. Und viertens bemängelte er Konstruktionsfehler in der Steuerung und Verwaltung des Bildungssystems, die all die genannten Punkte noch weiter verschärften.

Gegen diesen Bildungsnotstand formulierte Georg Picht ein Notstandsprogramm. In diesem erarbeitete er Vorschläge zur Organisation des Bildungswesens, zur Modernisierung des ländlichen Schulwesens, zur Verdoppelung der Abiturientenzahl, zur Vermehrung der Lehrpersonen an Gymnasien und auch an den Volksschulen sowie zur Neuordnung der Kultusverwaltung. Sein damaliges Fazit lautete: „Jedes Volk hat das Bildungswesen, das es verdient. Noch ist es möglich, zu verhindern, dass die Bildungskatastrophe in ihrer vollen Gewalt über uns hereinbricht. Deutschland kann als Kulturstaat noch erhalten bleiben. Dazu bedarf es aber einer entscheidenden Wendung."

Mit dieser Zustandsbeschreibung des deutschen Bildungswesens war Georg Picht nicht allein. Eine Reihe von namhaften Personen der damaligen Zeit stützten seine Überlegungen. Allen voran ist an dieser Stelle Ralf Dahrendorf zu nennen, der nicht nur zu den führenden Soziologen in den 1960er Jahren zählte, sondern auch politisch durch sein Engagement in der FDP größeren Einfluss nehmen konnte. In seinem Werk „Bildung ist Bürgerrecht" (1965) untermauerte er die Position von Georg Picht und prägte darin auch die bekannte Formel für damalige Benachteiligung im Bildungssystem: das katholische Arbeitermädchen vom Land, vergleichbar wohl heute dem Jungen mit Migrationshintergrund aus der Großstadt. Die Diskussionen, die Georg Picht und Ralf Dahrendorf angestoßen haben, nahmen weitreichenden Einfluss auf die damalige Bildungspolitik. Nur zwei Maßnahmen seien genannt, die damit in Verbindung zu bringen sind:

Erstens wurde im Jahr 1965 der Deutsche Bildungsrat von Bund und Ländern ins Leben gerufen, um für das deutsche Bildungswesen Bedarfs- und Entwicklungspläne zu erstellen. Darauf aufbauend wurden Strukturvorschläge gemacht und Empfehlungen für langfristige Planungen ausgesprochen. Besonders einflussreich war der im Jahr 1970 vorgelegte „Strukturplan für das Bildungswesen", dessen Wirkung bis in die Gegenwart reicht. Bis auf die Hochschulen wurden nahezu alle Bereiche des Bildungssystems in den Blick genommen. Aus heutiger Sicht ist diese Publikation ein Zeugnis für die bildungspolitische Aufbruchsstimmung, die nach den studentischen Unruhen von 1968 und infolge der sozialliberalen Koalition seit 1969 herrschte.

Zweitens wurde im Jahr 1970 die Bund-Länder-Kommission für Bildungsplanung und Forschungsförderung einberufen. Sie war bis Ende 2007 das ständige Gesprächsforum für Fragen des Bildungswesens und der Forschungsförderung, die Bund und Länder gleichermaßen betrafen. Die Kommission gab sowohl auf Bundes- als auch auf Landesebene Empfehlungen zur Bildungsplanung und Forschungsförderung.

Auch wenn zunächst große Euphorie herrschte und sich einiges an Veränderungen einstellte, die Reformen im Bildungsbereich kamen schneller zum Erliegen, als viele damals gedacht hatten. Mit zunehmender Distanz mehrten sich auch die Stimmen, dass so manche Reformen das Ziel der Abwehr einer Bildungskatastrophe verfehlten, ja selbst die Diagnose von Georg Picht und Ralf Dahrendorf wird heute nicht uneingeschränkt geteilt.

Versucht man dennoch aus der damaligen Debatte um das deutsche Bildungswesen Schlussfolgerungen zu ziehen, die heute noch von Bedeutung sind, so zeigen sich drei Punkte: Erstens ist es wichtig, dass jede Generation aufs Neue für sich überlegt, was Bildung bedeutet und welchen Stellenwert sie hat. Dabei reicht es nicht aus, nur strukturelle Fragen des Bildungssystems zu betrachten – vermutlich einer der größeren Schwachpunkte der Debatte aus den 1960er Jahren. Zweitens ist unstrittig, dass nicht alle Menschen die gleichen Voraussetzungen für Bildung haben, aber dennoch jeder Mensch ein Recht auf Bildung besitzt. Solche Bildungsungleichheiten sind dabei nicht nur die Sache des Einzelnen, sondern in einer Demokratie immer die Verantwortung aller. Nach wie vor ist dieses Thema so zentral, dass es nur mit verschlossenen Augen übersehen werden kann. Drittens resultiert daraus die Aufgabe, Bildungsgerechtigkeit als bildungspolitisches Programm zu sehen. Vor dieser normativen Perspektive schreckt der erziehungswissenschaftliche Diskurs häufig zurück und man überlässt es der Bildungspolitik, (hoffentlich) vernünftige Entscheidungen zu treffen. Normativ zu werden, so die häufig zu vernehmende Position, sei nicht die Aufgabe von Wissenschaft. Dies ist im Kern allerdings verkürzend, denn gerade im pädagogischen Kontext geht es nicht nur darum, die Welt zu beschreiben, wie sie ist, sondern auch darzulegen, wie sie sein sollte und was dafür notwendig wäre. Die damit verbundenen begrifflichen Klärungen werden im Folgenden angegangen.

Wovon reden wir eigentlich? Bildung – Bildungs-ungleichheiten – Bildungsgerechtigkeit

Der Bildungsbegriff ist nicht nur innerhalb der Erziehungswissenschaft ein Terminus technicus, sondern auch von bildungspolitischer Relevanz. So findet sich in allen Länderverfassungen der Bundesrepublik Deutschland ein Artikel, in dem der Bildungs- und Erziehungsauftrag von Schule bestimmt und erläutert wird. Diese Verankerung ist insofern bemerkenswert, als damit Schule und Unterricht in einen juristischen Raum gestellt werden, der sodann Aufgaben und Pflichten definiert.

In Bayern beispielsweise ist der Bildungs- und Erziehungsauftrag im Artikel 131 der Bayerischen Verfassung formuliert. Dort heißt es in Absatz 1: „Die Schulen sollen nicht nur Wissen und Können vermitteln, sondern auch Herz und Charakter bilden." Grundlegend für das damit verbundene Bildungsverständnis ist die anthropologische Bestimmung des Menschen als Person. Im Grundgesetz ist dieser Gedanke in Artikel 1 festgeschrieben mit den Worten, dass die Würde des Menschen unantastbar ist. Insofern hat nicht nur jeder Mensch die Gabe, sich zu bilden, es ist auch seine Aufgabe. Im Kontext von Schule und Unterricht resultiert daraus die Pflicht, jeden Menschen in seinem Bildungsprozess zu unterstützen.

Die Nennung der Bereiche des Wissens und des Könnens auf der einen Seite und des Herzens und des Charakters auf der anderen Seite mag altertümlich klingen. Sie macht aber darauf aufmerksam, dass Bildung nicht auf einzelne Bereiche des Menschseins begrenzt werden darf, sondern sich auf die gesamte Persönlichkeit in all ihren Facetten bezieht. Neben kognitiven Aspekten spielen folglich auch soziale, moralische, ästhetische, motivationale, spirituelle und viele andere mehr eine Rolle (vgl. Gardner, 1983). Es verbietet sich von hier aus, den Menschen auf nur einzelne dieser Bereiche zu begrenzen und ihn damit womöglich als „Humankapital" für außer ihm liegende Zwecke zu benutzen. Der Mensch ist ein Wert für sich, der nicht zu hinterfragen ist, seine Bildung ist nicht zu instrumentalisieren. Darüber hinaus weisen die verschiedenen Facetten der Persönlichkeit darauf hin, dass Wechselwirkungen bestehen und Bildung vor diesem Hintergrund immer einen umfassenden Anspruch zu erheben hat, wenn sie dem Menschen in all seinen Möglichkeiten gerecht werden möchte.

Mit diesen Überlegungen ist das Ziel von Bildung definiert: Als Gabe und Aufgabe des Menschseins hat sie kein Ziel außerhalb ihrer selbst. Es geht bei Bildung folglich um den Menschen, um das Menschsein und das Menschwerden. Dieser Vorgang als solcher ist nie abgeschlossen, denn der Mensch steht immerzu vor der Herausforderung, der zu sein, der er ist.

Dieses Ziel ist allgemeingültig und daher nicht von gesellschaftlichen Veränderungen abhängig, obschon dessen Konkretisierung gesellschaftliche Veränderungen berücksichtigen muss. Besonders deutlich wird dieser Gedanke, wenn man sich vor Augen führt, wie unterschiedlich die Ausgangsbedingungen für den einzelnen Menschen sein können. Folgende Unterschiede zur Verdeutlichung: weiblich – männlich, bildungsnahes Milieu – bildungsfernes Milieu, Arbeiterfamilie – Akademikerfamilie, Land – Stadt, keine Geschwister – viele Geschwister usw. Die daraus resultierenden Unterschiede im Hinblick auf Bildung werden als Bildungsungleichheiten bezeichnet. Sie markieren also auf Seiten des Menschen Gegebenheiten, die Gabe und Aufgabe des Menschseins je nach Situation hemmen oder befördern können. Die bereits angesprochene Formel vom „katholischen Arbeitermädchen vom Land" ist eine Zuspitzung für diese Bildungsungleichheiten, umfasst sie doch vier Aspekte, von denen damals wie heute bekannt ist, dass sie wirksam werden können:

die Religion, das Geschlecht, den familiären Hintergrund und den Wohnort.

Bildungsungleichheiten werden in der Regel nur unter diagnostischer Perspektive betrachtet und liefern noch kein Ziel, das für pädagogische Maßnahmen leitend werden kann. Aus diesem Grund bedarf es einer normativen Schlussfolgerung, die mehrheitlich als Bildungsgerechtigkeit bezeichnet wird. Auch sie ist von Komplexität gekennzeichnet. Insofern ist eine gründliche Auseinandersetzung mit dem Gerechtigkeitsbegriff unerlässlich. Im Kern werden aktuell drei Perspektiven unterschieden: erstens eine Bildungsgerechtigkeit, die als *anthropologisch* charakterisiert werden kann. Sie meint, dass jeder Mensch unabhängig von seinem Geschlecht, seinem Glauben, seiner Hautfarbe, seiner Herkunft und dergleichen das Recht auf Bildung hat. Ein Anspruch, der nicht überall auf der Welt umgesetzt ist, aber zumindest in Deutschland: Jeder hat das Recht darauf, einen Kindergarten und eine Schule zu besuchen und, falls er die Leistungsvoraussetzungen erfüllt, auch zu studieren. Zweitens gibt es eine Bildungsgerechtigkeit, die als *pädagogisch* charakterisiert werden kann. Sie meint, dass alle Menschen Unterschiede im Hinblick auf Intelligenz, Wissen, Können, Motivation und Haltungen vorweisen. Die Folge daraus ist, dass Lernende unterschiedliche Lernangebote brauchen. Anschaulich wird dies beispielsweise an den verschiedenen Zweigen des Gymnasiums und an den unterschiedlichen Richtungen der beruflichen Bildung. Und drittens gibt es eine Bildungsgerechtigkeit, die als *sozial* charakterisiert werden kann. Sie meint, dass es unter bestimmten Umständen notwendig ist, Menschen ungleich zu behandeln, um gesamtgesellschaftlich wiederum für mehr Gerechtigkeit zu sorgen. Paradebeispiel ist die Förderung von Lernenden aus bildungsfernen Milieus: Je früher es gelingt, diese zu unterstützen, desto eher ist ihnen eine gesamtgesellschaftliche Teilhabe möglich. Und umgekehrt kann sich eine gezielte Förderung der Besten eines Jahrganges gesamtgesellschaftlich in einem Wohlstand niederschlagen, der vor allem auf deren Leistung zurückzuführen ist.

Bildungsungleichheiten eröffnen Möglichkeiten und setzen Grenzen. Aus bildungspolitischer Sicht ist darauf insofern zu reagieren, dass das Bildungssystem nicht zu einem Verstärker dieser Bildungsungleichheiten wird, sondern diese so weit es geht eindämmt, ja sogar kompensatorisch wirkt. Dann leistet es einen Beitrag zur Bildungsgerechtigkeit und erfüllt die Aufgabe, dass alle Kinder und Jugendlichen sich ihren Möglichkeiten entsprechend bilden können. Das hat übrigens nichts mit Gleichmacherei zu tun. Ganz im Gegenteil: Im Kern zeigt sich eine Bildungsgerechtigkeit durch eine gerechte Ungleichheit, die auf dem Grundsatz der Chancengleichheit basiert.

Die Coronapandemie hat als Jahrhundertereignis gesamtgesellschaftlich so viel verändert, dass auch die dargestellten Zusammenhänge eine Neusortierung erfahren haben.

2. Das Leiden von Kindern und Jugendlichen in der Coronapandemie

Folgt man der Weltgesundheitsorganisation (WHO), so ist Gesundheit mehr als das Fehlen von Krankheit. Bereits in ihrer Verfassung aus dem Jahr 1946 heißt es: „Die Gesundheit ist ein Zustand des vollständigen körperlichen, geistigen und sozialen Wohlergehens." Insofern ist für den Gesundheitsbegriff ein übergreifender Zugang kennzeichnend, der nicht nur bestimmte Facetten des Menschen in den Blick nimmt, sondern alle seine Dimensionen berücksichtigt und unter die Bereiche der Psyche, der Physis und des Sozialen fasst. Unter der Psyche lassen sich alle geistigen Eigenschaften und Persönlichkeitsmerkmale eines Menschen einordnen, unter der Physis wird die körperliche Beschaffenheit eines Menschen gefasst und unter dem Sozialen sind alle Aspekte eines gesellschaftlichen Eingebundenseins und einer gesellschaftlichen Teilhabe zu verstehen. Des Weiteren ist zu sagen, dass diese Bereiche sich gegenseitig beeinflussen. Zwar lassen sie sich isoliert voneinander betrachten, aber im Leben eines Menschen bedingen sie sich gegenseitig. So kann beispielsweise eine psychische Beeinträchtigung auch Auswirkungen auf die physische Verfassung und die soziale Komponente von Gesundheit haben.

Die Parallelen zum Bildungsbegriff, so wie er im ersten Kapitel definiert wurde, liegen auf der Hand. Denn auch Bildung

lässt sich nicht auf einzelne Bereiche der Persönlichkeit reduzieren, sondern bezieht sich auf die gesamte Persönlichkeit in
all ihren Facetten. Neben kognitiven Aspekten spielen folglich
auch soziale, moralische, ästhetische, motivationale, spirituelle und viele andere mehr eine Rolle. Ebenso wie es sich beim
Gesundheitsbegriff verbietet, den Menschen auf nur wenige Bereiche zu begrenzen, so gilt dies auch für den Bildungsbegriff.
Und ähnlich wie bei den Aspekten der Gesundheit, die in einem
Wechselwirkungsverhältnis zueinander stehen, befinden sich die
verschiedenen Facetten der Persönlichkeit in einer Abhängigkeit
zueinander. Nicht zuletzt ist darauf hinzuweisen, dass sowohl
Gesundheit als auch Bildung zwar nicht allumfassend, aber doch
zu einem beachtlichen Teil die Möglichkeit mit sich bringen,
von jedem Menschen selbst beeinflusst zu werden.

Das erfüllte Leben lässt sich in Gesundheit und durch Bildung erreichen. Fehlt das eine, hat es das andere schwerer. Man-
gelt es an dem einen zu sehr, lässt sich das andere nicht mehr
verwirklichen. So gesehen stehen Gesundheit und Bildung in
einer inneren Abhängigkeit zueinander, und wann immer bildungspolitisch zu erkennen ist, dass einer dieser Bereiche ins
Hintertreffen gerät, ist Handlungsbedarf angezeigt.

Nimmt man nun die skizzierte Trias des Gesundheitsbegrif-
fes, nämlich die Psyche, die Physis und das Soziale, und betrachtet daraufhin die Maßnahmen, die zur Eindämmung der Coronapandemie ergriffen worden sind, so zeigt sich: Die Gesundheit
von Kindern und Jugendlichen hat eine Beeinträchtigung erlit-
ten. Kinder und Jugendliche mussten und müssen leiden. Die
Folgen daraus hinterlassen sichtbare Spuren in der Bildung.

In diesem Kapitel sind es daher drei Teilaspekte, die beleuchtet
werden: Erstens wird auf den Rückgang der Lernleistungen eingegangen, wie er sich vor allem in Studien der empirischen Bil-

dungsforschung zeigt. Zweitens werden psychische Belastungen thematisiert, worauf Statistiken des Gesundheitswesens hindeuten. Und drittens werden körperliche Defizite angesprochen, die sich infolge einer Reduzierung der Bewegungszeiten in Verbindung mit einer Erhöhung der Bildschirmzeiten messen lassen.

Der Rückgang der Lernleistungen

Eine der derzeit drängendsten Fragen aus pädagogischer Sicht lautet: Welchen Einfluss haben Schulschließungen mit Distanzunterricht auf die schulischen Leistungen? Kann ein Unterricht unter den Auflagen der Coronapandemie gleichwertig Lernerfolg ermöglichen? Damit ist die kognitive Perspektive angesprochen. In dieser geht es um den Lernzuwachs in den Schulfächern und damit um das Wissen und Können in ausgewählten Domänen. Dass hierbei ein Schwerpunkt auf die mathematischen, naturwissenschaftlich-technischen und sprachlichen Kompetenzen gelegt wird, ist bekannt und seit PISA & Co. immer wieder ein berechtigter Kritikpunkt. Denn Bildung umfasst mehr als diese drei Kompetenzen. Warum diese Engführung in der Erforschung in der kognitiven Perspektive besteht, ist so einfach wie unbefriedigend zu beantworten: Weil sich diese drei Kompetenzen am besten messen lassen. Und dennoch: Der empirische Zugang zur kognitiven Perspektive anhand ausgewählter Kompetenzbereiche hilft, um unter diesem Blickwinkel fundierte Aussagen zur Wirksamkeit von Schule treffen zu können. Vorsichtig muss man aber bei der Ausweitung der Ergebnisse auf andere Fächer und Domänen oder auf das Bildungssystem insgesamt sein.

Während in der Diskussion über den Einfluss von Schulschließungen mit Distanzunterricht auf die schulischen Leistungen viele Meinungen kursieren, die zwischen Apokalypse und

Euphorie changieren, scheiden sich bei einem Blick in die Forschungen erst einmal die Geister. Denn es ist festzustellen, dass es in Deutschland kaum aussagekräftige Forschungen dazu gibt. Bildungspolitisch ist das bemerkenswert. Während auf das Coronavirus massenhaft getestet wird, erfolgen keine vergleichenden Leistungserhebungen bei Lernenden. Ganz im Gegenteil: Sie werden sogar abgesagt – und damit wird eine große Chance vertan, weil man endlich Daten für die Debatte bekäme. Es drängt sich sogar die Frage auf, ob die Verantwortlichen gar nicht wissen wollen, was die Schulschließungen angerichtet haben.

So sind es denn auch vermehrt Befragungen von bildungsnahen Institutionen, die zu klären versuchen, wie der schulische Stotterbetrieb mit Präsenzunterricht unter Hygieneauflagen, Wechselunterricht oder Distanzunterricht auf die Lernleistung von Kindern und Jugendlichen gewirkt hat. Die Ergebnisse sind weitestgehend eindeutig: Alle haben Sorge, dass Lernende zurückbleiben. Solange aber empirische Daten fehlen, lässt sich darüber streiten, ob die Selbstauskünfte und Fremdeinschätzungen nun wirklich zutreffen oder nicht.

Vor diesem Hintergrund lohnt sich ein Blick ins Ausland und damit in die internationale Forschung. Dabei wird davon ausgegangen, dass aufgrund der ergriffenen Maßnahmen zur Eindämmung der Coronapandemie, die auf der ganzen Welt ähnlich sind, kein Grund besteht, Ergebnisse aus internationalen Studien in Deutschland nicht zu beachten. Zu diesem Zweck wurde im März 2021 ein Rapid Review durchgeführt, in dem also eine Auswahl an Einzelstudien aus verschiedenen Ländern vorgestellt und mittels statistischer Verfahren zusammengeführt wurde (vgl. Zierer, 2021c). Das Ziel eines solchen Rapid Reviews ist klar: schnellstmögliche Evidenz für bildungspolitische Entscheidungen zu generieren bei Achtung wissenschaftlicher Standards.

Der Datensatz umfasst die Lernleistungen von über vier Millionen Lernenden aus fünf Ländern (Niederlande, Schweiz, Belgien, USA und Deutschland) und umspannt den Zeitraum von acht Wochen, in denen während des ersten Lockdowns 2020 Schulen geschlossen und auf Distanzunterricht umgestellt wurde. In den zugrunde liegenden Studien wurden vorwiegend mathematische und muttersprachliche Kompetenzen gemessen. Das Alter der Lernenden bezieht sich auf die Primar- und Sekundarstufe I.

Das Ergebnis ist eindeutig und für den gesunden Menschenverstand nicht überraschend: In allen untersuchten Ländern haben die Schulschließungen mit Distanzunterricht zu einem negativen Effekt auf Schülerinnen und Schüler geführt. Dieser Rückgang der schulischen Leistungen ist sowohl in der Primarstufe als auch in der Sekundarstufe I feststellbar, auch wenn er die jüngeren Kinder stärker trifft als die älteren Lernenden. In der Primarstufe sind die Lernrückstände vergleichbar mit einem Verlust von bis zu einem halben Schuljahr. In der Sekundarstufe I zeigen sie sich durchschnittlich in der Höhe eines viertel Schuljahres. Der Rückgang der schulischen Leistungen ist damit größer als die Dauer des Lockdowns selbst, weil sich die Lernrückstände im Lauf des Schuljahres aufgrund fehlender pädagogischer Unterstützungsmaßnahmen noch weiter verstärkten. Bei der mathematischen Kompetenz ist ein Lernrückstand ebenso feststellbar wie bei der muttersprachlichen Kompetenz, und er trifft alle Lernenden – unabhängig von Alter, Geschlecht und Leistungsstand. Bemerkenswert ist, dass die negativen Auswirkungen in bildungsfernen Milieus noch stärker sind und je nach Bildungsungleichheit doppelt so groß sein können. Am meisten betroffen sind ethnische Minderheiten sowie einkommensschwache Familien. Die Coronapandemie wird dadurch im Bildungsbereich zu einem Treiber von Bildungsungerechtigkeit.

Sicherlich ist bei der Interpretation der Zahlen zu beachten, dass Schulen weltweit auf den Lockdown im Frühjahr 2020 nicht vorbereitet waren und sich die schulischen Aktivitäten in der Zwischenzeit verbessert haben. So ist davon auszugehen, dass die Effekte in den weiteren Wochen der Schulschließung nicht mehr so negativ sein müssen. Allerdings ist demgegenüber in Betracht zu ziehen, dass die untersuchten Länder im Vergleich zu Deutschland allesamt auf einer besseren Digitalisierung des Bildungssystems aufbauen konnten (vgl. Eikelmann et al., 2019) und zudem die Schulschließungen mittlerweile deutlich mehr als acht Wochen umfassen. Nach inzwischen mindestens zwei Lockdowns, regional können es ja mehr sein, ist davon auszugehen, dass viele Lernende um ein ganzes Schuljahr zurückgeworfen wurden.

In der Debatte um diese Effekte ist vereinzelt zu hören, dass es doch gar nicht so schlimm sei, wenn die Lernenden aus dem Primarschulbereich negative Effekte haben. Sie hätten doch noch ausreichend Zeit, Verlorenes aufzuholen. Wichtiger sei schließlich, dass sie in den weiterführenden Schulen nicht ganz so weit zurückgefallen sind. Allerdings ist aus Studien zu Lernrückständen bekannt, dass es für den Lernerfolg im Allgemeinen immer besser ist, Lücken von vornherein zu vermeiden, also Prävention vor Intervention. Sind Lücken nämlich erst einmal aufgetreten, werden sie in der Regel immer größer, weil sie nur schwer und nur unter großem finanziellem, organisatorischem und pädagogischem Aufwand geschlossen werden können.

Was zudem nicht vergessen werden darf: Die vorliegenden Studien haben allesamt mathematische und muttersprachliche Kompetenzen gemessen. Nicht erforscht sind alle anderen Fächer und damit alle anderen kognitiven Domänen: Fremdsprachen, naturwissenschaftlich-technischer Bereich, Politik, Wirtschaft, Sozialkunde, Geschichte und Erdkunde, nicht zu vergessen Sport, Musik und Kunst. Hier muss man kein Prophet sein, um die Schlussfolgerung ziehen zu können: Die Lernrückstände sind in diesen Gebieten mindestens ebenso groß, weitaus wahrscheinlicher aber sogar viel größer. Wie soll sich ein Lernerfolg einstellen in Fächern, die nicht unterrichtet worden sind? Der Zufall in Form eines Interesses oder eines familiären Hintergrundes mag den einen oder anderen Lernenden unterstützt haben, aber eine systematische Förderung aller Schülerinnen und Schüler ist nicht erfolgt.

Alles in allem bleibt festzuhalten: Die Coronapandemie und ihre Maßnahmen haben aus pädagogischer Sicht zu einem Rückgang der Lernleistungen geführt, der alle Lernenden trifft, besonders stark aber Kinder und Jugendliche aus bildungsfernen Milieus. Zudem sind davon alle Fächer betroffen, selbst diejenigen, die in der Pandemie eine besondere Aufmerksamkeit erfahren haben, wie Mathematik- und Muttersprachenunterricht. Um eine Bildungskatastrophe aus Sicht des fachlichen Lernens abwenden zu können, sind konkrete Maßnahmen einer individuellen Förderung unerlässlich.

Die psychischen Belastungen

Mag der konzentrierte Blick auf die Lernleistungen berechtigt sein, Bildung umfasst mehr als diese, und auch die Gesundheit des Menschen umspannt wie gesagt ein breiteres Spektrum als nur das Kognitive. Besonders wichtig für junge Menschen ist dabei ihre psychosoziale Entwicklung.

Bei aller berechtigten Kritik ist bis heute das Stufenmodell der psychosozialen Entwicklung des Menschen nach Joan Erikson und Erik H. Erikson (1966) wegweisend. Darin werden acht

Stadien unterschieden, die jeweils ein Spannungsfeld beschreiben zwischen den Bedürfnissen und Wünschen des Menschen als Individuum auf der einen Seite und den sich ständig verändernden Anforderungen der sozialen Umwelt auf der anderen Seite. Da dieses Spannungsfeld eines jeden Stadiums aufzulösen ist und daher der Mensch entweder gestärkt oder geschwächt in das nächste Stadium voranschreitet, sprechen Joan Erikson und Erik H. Erikson auch von Krisen, die es zu meistern gilt, ohne sie endgültig zu bewältigen. Denn jede Krise bleibt im Leben eines Menschen bestehen, wenn auch im Hintergrund. Problematisch für die psychosoziale Entwicklung des Menschen ist es, wenn er geschwächt aus einer Krise geht, weil dadurch weitere Lebensphasen behindert werden. Diese Schwächung tritt auch auf, wenn eine Krise gar nicht erlebt worden ist.

Um welche acht Krisen handelt es sich (vgl. Zierer, 2021b)? Im ersten Stadium (erstes Lebensjahr) geht es um die Pole Urvertrauen vs. Urmisstrauen. Das Kind wird relativ schutzlos geboren und bedarf daher Nähe, Zuneigung, Geborgenheit und Sicherheit. Erfährt das Kind all das nicht, entwickelt es Angst und Misstrauen. Im zweiten Stadium (zweites und drittes Lebensjahr) ist es Autonomie auf der einen Seite und Scham sowie Zweifel auf der anderen Seite, die die Krise bestimmen. Das Kind erweitert seinen Aktionsradius und wird eigenständiger. Je mehr Vertrauen es dabei in seine Umwelt hat, desto autonomer wird es werden. Kommt es in diesem Stadium zu vielen Rückschlägen oder fehlt das nötige Urvertrauen, nimmt das Selbstkonzept insofern Schaden, als es negativ besetzt und von Unsicherheit durchflutet wird. Im dritten Stadium (viertes und fünftes Lebensjahr) bildet sich in besonderer Weise das Gewissen im Spannungsfeld von Initiative vs. Schuldgefühl. Dieses kann durch Strenge und Verbote in Richtung Angst und Schulgefühl gelenkt werden, was für weitere Entwicklungen hinderlich ist.

Förderlicher ist es, wenn das Kind in einem vertrauten Raum initiativ sein darf und Fehler nicht als Makel, sondern als Lernchance begriffen werden. Im vierten Stadium (sechstes Lebensjahr bis Pubertät) geht es um das Verhältnis zwischen Werksinn und Minderwertigkeitsgefühl. Menschen in diesem Alter wollen nicht mehr nur zuschauen und beobachten, sie wollen auch etwas machen, herstellen, gestalten. Joan Erikson und Erik H. Erikson nennen das Werksinn. Erfährt ein Mensch in dieser Phase nur Scheitern oder erhält er gar keine Möglichkeit, seinen Werksinn zu entfalten, entwickelt sich das Gefühl der Minderwertigkeit. Insofern dürfen die Aufgaben nicht zu schwer, aber auch nicht zu leicht sein. Die Herausforderung ist es, die antreibt und bei Erfolg zu einer Steigerung des Selbstkonzeptes führt. Im fünften Stadium (Jugendalter) steht der Mensch vor der Aufgabe, seine Rolle in der Gemeinschaft mit Gleichaltrigen zu finden. Angesichts zahlreicher Fallstricke keine leichte Aufgabe. Dabei zeigt sich ganz besonders: Wer bereits die vorausgehenden Stadien nicht gemeistert hat, der wird in diesem Stadium besonders gefordert. Scheitert ein Mensch auch hier, so ist anstatt einer Ich-Identität eine Ich-Identitätsdiffusion die Folge. Im sechsten Stadium (frühes Erwachsenenalter) ist es die Aufgabe, ein bestimmtes Maß an Intimität zu erreichen und nicht in eine soziale Isolation zu fallen. Dieses ist Voraussetzung für die Liebe, die im Erwachsenenalter von zentraler Bedeutung wird. Schafft es ein Mensch nicht, sich anderen gegenüber zu öffnen, Freundschaften zu schließen und treu zu sein, kann Vereinsamung die Folge sein. Im siebten Stadium (Erwachsenenalter) sprechen Joan Erikson und Erik H. Erikson von Generativität vs. Stagnation und Selbstabsorption. Damit meinen sie den positiven Ausgang der Krise, dass Menschen bereit sind, Kinder in die Welt zu setzen und soziales Engagement zu zeigen. Wer in diesem Stadium scheitert, wird sich zurückziehen und in erster Linie mit sich selbst befassen. Das achte und letzte Stadium (reifes Erwachsenenalter) bringt für den Menschen die Herausforderung mit sich, auf sein Leben zurückzublicken und sich auf den Tod vorzubereiten. Wird dabei der Blick geprägt von Zufriedenheit, so wird auch das Ende des Lebens angenommen. Unzufriedenheit hingegen führt zu Verzweiflung und dem Gefühl, noch länger oder noch einmal leben zu müssen.

Auch hier muss man kein Prophet sein, um die Vorhersage zu wagen, dass die Maßnahmen zur Eindämmung der Coronapandemie hinderlich sind, um die Entwicklungsaufgaben nach Joan Erikson und Erik H. Erikson bewältigen zu können: Wer sozial isoliert wird, keine Kontakte mehr hat, Freunde nicht mehr treffen kann und ständig Abstand halten muss, hat schwierige Voraussetzungen. In kulturanthropologischen Studien wurde beispielsweise nachgewiesen, dass es so etwas wie einen kulturellen Abstand zwischen Menschen gibt, der signalisiert: mindestens so nah und höchstens so weit entfernt, um miteinander arbeiten, spielen und lernen zu können. Für keine Kultur auf dieser Welt liegt dieser bei 1,50 Meter, wenn es um Freundschaft geht. Virologisch mag der Abstand daher sinnvoll sein, pädagogisch ist er es nicht.

Welche Auswirkungen die Maßnahmen zur Eindämmung der Coronapandemie auf die Psyche von Kindern und Jugendlichen haben, lässt sich mithilfe verschiedener Forschungsdaten verdeutlichen. Zunächst die Daten zu einer Extremsituation, die aber für viele Tausende Schülerinnen und Schüler zur Realität geworden ist: Quarantäne. Dass sie epidemiologisch sinnvoll ist, braucht an dieser Stelle nicht diskutiert zu werden. Vielmehr drängt sich aus pädagogischer Sicht die Frage auf: Kann Quarantäne auch negative Folgen haben?

Rückblickend muss man sich verwundert die Augen reiben, dass Lehrerverbände diese Frage nicht stellten. Stattdessen wurden sie in der Krise zu Chefvirologen und forderten nahezu einhellig, Schulen zu schließen. Wo ist das pädagogische Ethos geblieben? Wo der sokratische Eid? Über Hartmut von Hentig (2003) mag man streiten, seine Umformulierung des hippokratischen Eides ist für Lehrpersonen jedoch wegweisend: „Als Lehrperson verpflichte ich mich, die Eigenheiten eines jeden Kindes zu achten und gegen jedermann zu verteidigen; für seine körperliche und seelische Unversehrtheit einzustehen; auf seine Regung zu achten, ihm zuzuhören, es ernst zu nehmen; zu allem, was ich seiner Person antue, seine Zustimmung zu suchen, wie ich es bei einem Erwachsenen täte".

Wie läuft Quarantäne ab, und was macht sie mit jungen Menschen (vgl. Zierer, 2020a)? Gefragt werden Schülerinnen und Schüler nicht. Das Gesundheitsamt bestimmt per Bescheid und meldet sich vielleicht per Telefon – das waren dann auch die sozialen Kontakte. Es regiert nicht der Dialog, sondern das Diktat. Das mag angesichts bestimmter Drohszenarien vertretbar sein, aber der Blick darauf, wie junge Menschen Quarantäne erleben, darf nicht fehlen. Forschungen gibt es hierzu längst. Bereits im Mai 2020 veröffentlichte eine Forschergruppe um Susanne Röhr (2020) eine Studie mit eindeutigem Ergebnis: Depression, Ängstlichkeit, Wut, Stress, posttraumatische Belastung, Einsamkeit und Stigmatisierung sind häufige psychosoziale Probleme. Sogar Suizid ist nicht auszuschließen. Der mögliche Schutz der Gesellschaft schadet also dem Einzelnen. Ist das Solidarität? Zumindest erinnert es an ihre perverse Macht, wie es Richard Sennett (2014) nennt.

Ohne Zweifel kommen manche problemlos durch eine Quarantäne. In „Ein Lied für Jetzt" beschreiben Die Ärzte ihre Erfahrungen: „Das bisschen Quarantäne ist nicht die schlimmste Sache der Welt." Für manche Kinder und Jugendlichen ist es aber genau das. Denn sie brauchen den sozialen Kontakt in ihrer

Persönlichkeitsentfaltung mehr als Erwachsene. Die Sorgen, die sie sich machen, sind ebenso existenzbedrohend wie mögliche Vorwürfe, die man ihnen macht – es gibt Politiker, die allen Ernstes Kinder rhetorisch fragen, ob sie Schuld haben wollen am Tod der Oma. Junge Menschen müssen ihre Rolle finden, wofür die Gleichaltrigen entscheidend sind – nicht so sehr die Geschwister oder die Eltern, auch wenn diese für Ausgleich sorgen können. Aber eine korrekte Quarantäne schließt auch diese Menschen aus. So galt im Herbst 2020 in Bayern: „Das Kind soll sich, soweit es für sein Alter möglich ist, in der Wohnung von den anderen Familienmitgliedern fernhalten, wenn möglich in einem separaten Zimmer mit eigenem Bad und WC. Enger Körperkontakt ist so weit wie möglich zu vermeiden." Kinder und Jugendliche brauchen Nähe und Geborgenheit, gerade in der Krise, der sozialen Isolation, der Sorge. Wer dafür plädiert, sie wegzusperren und ihnen keine Möglichkeit der körperlichen Aktivität im Freien zu geben, der vergeht sich an ihrer psychischen, physischen und sozialen Gesundheit.

So wichtig Quarantäne sein kann, sie muss immer auch in Abwägung des Einzelfalles geschehen, um verhältnismäßig zu sein. Kinder und Jugendliche pauschal in Quarantäne zu schicken, erreicht nicht das Ziel verantwortungsvollen Handelns. Der wichtigste Schritt dorthin ist Aufklärung: Menschen, die wissen, warum sie etwas tun, handeln verantwortungsvoll. Sinnlose und nicht nachvollziehbare Einschränkungen provozieren das Gegenteil. Pädagogisch ist dabei von Anfang an eine durchdachte Begleitung unerlässlich. Familien allein zu lassen, kann in sozialen Brennpunkten zum Inferno werden.

Quarantäne ist sicherlich eine Extremsituation für Abstandhalten, an der sich psychische Folgen eindringlich aufzeigen lassen. Aber auch die weniger drastischen Maßnahmen zur Eindämmung der Coronapandemie können Kinder und Jugendliche in ihrer Entwicklung und Bildung negativ beeinflussen. So weisen zahlreiche Befragungen (vgl. Ravens-Sieberer et al., 2021; Fegert et al., 2020; Andresen et al., 2020; Bignardi et al., 2020; Damerow et al., 2020; Schlack et al., 2020; Panda et al., 2020) von Kindern, Jugendlichen und Erwachsenen darauf hin, dass beispielsweise Ängste, Depressionen, Einsamkeit, Gereiztheit, Einschlafprobleme, Kopfschmerzen, Niedergeschlagenheit, Bauchschmerzen und Nervosität in der Coronapandemie im Vergleich zu Erhebungen aus den früheren Jahren in allen Altersgruppen deutlich zugenommen haben. Diese Ergebnisse finden sich weltweit, nicht nur in Deutschland, und treffen erneut Kinder und Jugendliche aus bildungsfernen Milieus stärker. Wenn mehr als die Hälfte der Kinder und Jugendlichen von einigen der genannten Problemen berichten und damit die Prozentzahlen im Vergleich zu den Vorjahren um das Doppelte gestiegen sind, dann ist die Tendenz eindeutig: Die Krise belastet die Psyche der Menschen, und je länger sie dauert, desto negativer sind die Folgen.

Natürlich ist die Aussagekraft von Befragungen und Selbstauskünften im Vergleich zu medizinischen Befunden geringer. Umso wichtiger sind daher beispielsweise Zahlen von Krankenversicherungen (z. B. DAK, 2021; Barmer, 2021; DPtV, 2021), die belegen: Im Jahr 2020 waren so viele Fehltage aufgrund psychischer Erkrankungen wie noch nie zu verzeichnen, und immer mehr Kinder und Jugendliche unterziehen sich einer psychologischen und psychotherapeutischen Behandlung.

Ob es bei alledem zu einer Zunahme an häuslicher Gewalt, insbesondere gegenüber Kindern, gekommen ist, wird bis heute diskutiert. Zwar gibt es viele Meldungen und erste Studien (vgl. Steinert et al., 2020; Fegert et al., 2020), die diesen Schluss nahelegen. Allerdings weist die Statistik Wellen auf. So werden beispielsweise laut einer Pressemeldung der Senatsverwaltung für Justiz, Verbraucherschutz und Antidiskriminierung vom 3. März 2021 in der Berliner Gewaltschutzambulanz während eines Lockdowns weniger Fälle gemeldet, deren Zahl steigt aber nach einem Lockdown wieder stark an. Eine Erklärung dafür ist, dass Betroffene während eines Lockdowns schwerer das eigene Zuhause verlassen können, um sich helfen zu lassen. Trotz dieser Wellen in der Statistik ist eine generelle Zunahme an häuslicher Gewalt feststellbar – nicht erst seit der Coronapandemie, sondern kontinuierlich in den letzten Jahren (vgl. BKA, 2020).

Und noch ein letzter Punkt ist im Kontext einer psychischen Gesundheit beachtenswert: Anfang Januar haben sich neben Kinderärztinnen und Kinderärzten auch Schulpsychologinnen und Schulpsychologen in ganz Deutschland zu Wort gemeldet. Sie warnten nicht nur vor bereits deutlich beobachtbaren Lerndefiziten und Wissenslücken, sondern wiesen vor allem auf eine wachsende Zahl von Schulverweigerern hin. Schulverweigerung ist eines der herausforderndsten Probleme im Bildungssystem, weil es häufig mehrere Ursachen gibt und diese über einen längeren Zeitraum entstanden sind (vgl. Ricking et al., 2016). Einfach zu korrigieren ist sie also mit Sicherheit nicht.

In der Coronapandemie, so führt es Nina Großmann vom Landesverband der Schulpsychologinnen und Schulpsychologen Baden-Württemberg (LSBW) in einer dpa-Meldung vom 1. Januar 2021 aus, hätten sich Schülerinnen und Schüler aller Altersgruppen zu Hause an das Nichtstun gewöhnt, vernachlässigten ihre Aufgaben und fühlten sich bei der Rückkehr auf die Schulbank überfordert. Ein Viertel der Fälle in den 28 Beratungsstellen in Baden-Württemberg sei auf dieses Phänomen zurückzuführen. Vor der Krise lag dieser Anteil bei etwa fünf Prozent.

Hinweise auf dieses veränderte Lernverhalten, das sich in einer geringeren Lernmotivation und in einer Abnahme der schulischen Lernzeit zeigt, finden sich auch in anderen Befragungen (vgl. Wößmann et al., 2020; mpfs, 2020; Unger et al., 2020).

Angesichts dieser Datenlage besteht kein Zweifel, dass die Maßnahmen zur Eindämmung der Coronapandemie zu psychischen Belastungen aufseiten der Kinder und Jugendlichen führen. Die Krise macht auch junge Menschen auf Dauer psychisch krank. Sie schadet der psychosozialen Entwicklung und damit der Bildung. Um eine drohende Bildungskatastrophe in diesem Bereich abzuwenden, sind in Zukunft vermehrte Phasen eines pädagogisch initiierten sozialen Lernens notwendig: Kinder und Jugendliche brauchen dringend Zeit und Raum für gemeinsames Spielen und Arbeiten, Lernen und Feiern.

Die körperlichen Defizite

Sie ist wohl eine der am meisten zitierten Redewendungen aus der Antike: „Mens sana in corpore sano" und geht zurück auf den römischen Dichter Juvenal, der in einer seiner Satiren schreibt: „Orandum est, ut sit mens sana in corpore sano." („Beten sollte man darum, dass ein gesunder Geist in einem gesunden Körper sei.") Erst später wurde diese Redewendung zum geflügelten Wort, um darauf aufmerksam zu machen, dass der Mensch nicht nur einen Körper hat, um seinen Kopf spazieren zu tragen. Vielmehr ist der Mensch eine Leib-Seele-Geist-Einheit, und insofern ist das Körperliche von ebenso großer Bedeutung wie das Kognitive.

Sowohl im dargelegten Verständnis von Gesundheit als auch im erläuterten Bildungsbegriff spielt dieser Zusammenhang eine Rolle. Der Bildungs- und Erziehungsauftrag von Schule umfasst seit jeher nicht nur die kognitiven Bereiche des Menschen, sondern auch seine körperliche Entwicklung. Besonders deutlich wird dies am Gymnasium, das in ganz Deutschland die Schulart mit dem höchsten Bildungsabschluss bezeichnet. Denn der Wortherkunft folgend meint das Gymnasium einen Ort der körperlichen und geistigen Ertüchtigung, wobei in der Antike das Körperliche im Vordergrund stand.

Welchen Einfluss haben die Maßnahmen zur Eindämmung der Coronapandemie auf die körperliche Entwicklung von Kindern und Jugendlichen? Auch diese Frage scheint angesichts der Dominanz von Lernleistungen in bestimmten Fächern seit PISA & Co. nicht von zentraler Bedeutung zu sein. Derweil ist gerade in Zeiten der Krise die Frage nach der körperlichen Unversehrtheit der Mittelpunkt öffentlicher Debatten – leider wird sie in der Krise nur einseitig aus virologischer Sicht diskutiert, nicht aber vor dem Hintergrund pädagogischer Überlegungen.

Wirft man einen Blick auf das Leben von Schülerinnen und Schülern in der Coronapandemie, so sind Vorboten einer Bildungskatastrophe in diesem Bereich sichtbar: Durch Homeschooling fiel der Schulweg weg, der für viele Kinder und Jugendliche sowohl morgens als auch mittags oder nachmittags ein wichtiger Ausgleich zur sitzenden Tätigkeit in der Schule war. Sodann waren viele Schülerinnen und Schüler in ihren Kinderzimmern und den kleinen Wohnungen den ganzen Vormittag vor Monitoren gefesselt. In diesen Zeiten wurden die Pausen häufig nicht genutzt, um einfach mal rauszugehen, weil die Freunde fehlten, die dazu motivierten. Stattdessen hockten Lernende weiter im Zimmer und mussten stundenlange Videokonferenzen über sich ergehen lassen. Ein Blick aus dem Fenster war häufig die einzige Abwechslung zum Starren auf den Bildschirm. Ironisch wurde auch von einem „liegend Lernen" gesprochen ebenso wie von einem „Betttop" anstelle eines Laptops, um darauf hinzuweisen, dass viele Lernende nicht einmal den Schritt bis zum Schreibtisch geschafft haben.

Wie immer bei solchen Beschreibungen besteht die Gefahr einer Übertreibung. Aber es gibt bereits eine Reihe von Forschungen, die die Zuspitzungen mit Evidenz untermauern. Zunächst wird in Studien (vgl. Damerow et al., 2020; Schmidt et al., 2020; Wößmann et al., 2020; Nowossadeck et al., 2021) einhellig davon berichtet, dass organisierte Bewegung, vor allem solche, die in Sportvereinen stattfindet, den Lockdown-Maßnahmen zum Opfer gefallen und damit häufig auf null zurückgegangen ist. Allerdings kam es in allen Altersgruppen zu einem Anstieg alltäglicher Bewegung, beispielsweise durch Spaziergänge, Radfahren, Gartenarbeiten und dergleichen. Kinder und Jugendliche verbrachten in der Coronapandemie unterm Strich also sogar mehr Zeit in Bewegung draußen an der frischen Luft.

Vor diesem Hintergrund könnte man durchaus schlussfolgern, dass die körperliche Verfassung in der Krise keinen Schaden genommen hat. Allerdings trügt dieser Eindruck, wenn weitere Daten hinzugenommen werden. So weisen die genannten Studien darauf hin, dass es ebenso wie beim Rückgang der Lernleistungen und der Zunahme an psychischen Belastungen Effekte des Bildungsmilieus gibt. Konkret: Menschen, die bereits vor der Coronapandemie sportlich aktiv waren, nutzten die zur Verfügung stehende Zeit zuhause, um noch mehr Sport zu treiben. Passive Menschen hingegen profitierten von der neuen Zeit weniger. Auch hier nimmt also die Bildungsungerechtigkeit zu.

Darüber hinaus ist zu beobachten, dass trotz einem Mehr an alltäglicher Bewegung das Körpergewicht über alle Altersgruppen und alle Bildungsmilieus hinweg gestiegen ist (vgl. Damerow et al., 2020; Nowassadeck et al., 2021). Mehr alltägliche Bewegung führt also nicht zwangsläufig zu einer besseren körperlichen Entwicklung. Dies liegt nicht zuletzt daran, dass alltägliche Bewegung gerade bei jüngeren Menschen keinem systematischen Training entspricht und damit im Vergleich zur organisierten Bewegung trotz einer höheren Dauer weniger wirksam ist (vgl. López-Bueno et al., 2021).

Zwei weitere Gründe sind an dieser Stelle zu thematisieren, weil sie einmal mehr Bildungsungleichheiten verstärken und damit zu mehr Bildungsungerechtigkeit führen:

Erstens haben die Maßnahmen zur Eindämmung der Coronapandemie Einfluss auf die Ernährung von Kindern und Jugendlichen genommen (vgl. Koletzko et al., 2021). Seit Beginn der Krise essen junge Menschen mehr Süßigkeiten, aber auch mehr Obst. Jungen sind dabei anfälliger für ungesundes Essverhalten als Mädchen und legen in der Folge auch mehr an Gewicht zu. Je bildungsferner das Elternhaus ist, desto ungesünder die Ernährung und desto größer die Gewichtszunahme bei den Kindern.

Zweitens haben die Maßnahmen zur Eindämmung der Coronapandemie über alle Altersgruppen und alle Bildungsmilieus hinweg bei Kindern und Jugendlichen zu einer Erhöhung der Bildschirmzeiten geführt (vgl. Schmidt et al., 2020; Wößmann et al., 2020). Da in gleicher Weise die tägliche Zeit für schulisches Lernen zurückgegangen ist, wurden diese zusätzlichen Zeiten für außerschulische Angelegenheiten genutzt, beispielsweise für Fernsehen, Computerspiele und soziale Medien. Auch hier zeigt sich ein größerer negativer Effekt für Kinder und Jugendliche aus benachteiligten Familien in geringeren Lernleistungen: Sie sehen mehr fern, surfen sinnlos im Internet, lernen weniger, bewegen sich nicht ausreichend und ernähren sich schlecht. Alles in allem also wird die Coronapandemie unter diesem Blickwinkel zu einem Treiber für Bildungsungerechtigkeit.

Als Abschluss der Ausführungen zu den körperlichen Defiziten wird eine Studie vorgestellt, die das ganze Dilemma der Schulschließungen im Hinblick auf die Physis auf den Punkt bringt (vgl. Wang et al., 2021): In China wird alljährlich die Sehstärke der sechs- bis achtjährigen Schülerinnen und Schüler gemessen. Im Jahr 2020 fand zwischen Januar und Mai Homeschooling statt und Lernende arbeiteten zuhause an Rechnern. Die Folge daraus ist ein messbarer Anstieg der Kurzsichtigkeit bei den Jüngsten um fast das Vierfache im Vergleich zu den Vorjahren.

Zwar wird seit Jahren beobachtet, dass in vielen Ländern die Kurzsichtigkeit zunimmt. Auch Lesen ist eine Tätigkeit in der Nahdistanz, aber die verstärkte Nutzung von Tablet & Co. infolge der Schulschließungen führt dazu, dass Tätigkeiten in der Nahdistanz noch mehr zunehmen und immer mehr Kinder kurzsichtig werden. Der Blick aus dem Fenster in die Ferne ist zur Seltenheit geworden, schon eher geht er zum Smartphone und bleibt damit erneut im Nahbereich. Die Zunahme an Kurzsichtigkeit gerade bei jungen Menschen ist auf längere Sicht ein ernstzunehmendes Gesundheitsrisiko. Denn je früher eine Kurzsichtigkeit auftritt, desto wahrscheinlicher sind Folgeschäden wie Netzhautablösungen und Glaukome. Ermutigend ist in diesem Zusammenhang das Ergebnis einer Studie aus Taiwan (vgl. Wu et al., 2018): Der Aufenthalt im Freien von 120 Minuten täglich wirkt sowohl präventiv als auch intervenierend. Pädagogisch lässt sich also gegen diese körperliche Beeinträchtigung angehen.

Während über die Schwere einer Coronaerkrankung bei Kindern immer wieder diskutiert wird, ist heute schon sicher: Die Maßnahmen zur Eindämmung der Coronapandemie haben der körperlichen Entwicklung der Kinder und Jugendlichen geschadet. Um eine drohende Bildungskatastrophe in diesem Bereich abzuwenden, sind in Zukunft vermehrte Phasen eines pädagogisch initiierten körperlichen Lernens notwendig: Kinder und Jugendliche brauchen mehr denn je Zeit und Raum für Spiel, Sport und Bewegung.

3. Ansätze zur Abwehr der drohenden Bildungskatastrophe

Die Zeichen der Zeit weisen also darauf hin, dass eine Bildungskatastrophe droht: Lernleistungen der Kinder und Jugendlichen können im Homeschooling nicht so gefördert werden wie im Präsenzunterricht. Daneben hat das Lernverhalten Schaden genommen, was insofern gravierender ist, als dieses die Grundlage für die Lernleistung bildet und sich kaum kompensieren lässt. Auch das Sozialverhalten ist durch das Fehlen von schulischen Regeln und Ritualen sowie sozialen Kontakten aus der Bahn geworfen worden. Und schließlich sind körperliche Defizite infolge einer geringeren Mobilität und einer zunehmenden Bildschirmaktivität zu nennen.

Wenn nicht jetzt, wann dann? So ist man geneigt, angesichts der Datenlage aus pädagogischer Sicht zu fragen. Gegenmaßnahmen sind umgehend zu ergreifen, um alle Kinder und Jugendlichen zu unterstützen – vor allem jene aus bildungsfernen Milieus, weil dort die Rückstände weitaus größer sind. Umso erfreulicher ist es, dass in der Coronapandemie nicht mehr nur über die digitale Aufrüstung der Kinderzimmer debattiert wird, sondern auch über pädagogische Maßnahmen. Beispielhaft sei an dieser Stelle an das Nachhilfeprogramm des Bundes erinnert, das im März 2021 angekündigt wurde und mit einer Milliarde Euro finanziert werden soll. Die Notwendigkeit für diese Diskussionen wurde nicht von allen von Anfang an gesehen, obschon es früh Hinweise gab. Auf der Digitalisierungswolke schwebend glaubten viele, dass die Krise endlich dem Schulsystem den nötigen Digitalschub verleiht, um alle Probleme auf einmal zu lösen.

Wie immer im bildungspolitischen Diskurs wird schnell auf strukturelle Lösungsansätze geblickt und dabei der Denkfehler begangen, auf den die empirische Bildungsforschung seit Jahrzehnten hinweist: Allein mit Strukturmaßnahmen wird sich Lernerfolg nicht einstellen, denn entscheidend ist, was in den Strukturen passiert oder, anders ausgedrückt: wie gut der Unterricht ist.

Das Gesagte gilt in entscheidender Weise für einen vielfach diskutierten Ansatz: die Nichtversetzung. Sie wird schnell als Heilsbringer zur Bekämpfung für Lernrückstände gesehen. Denn Lernende könnten ohne Anrechnung als Wiederholungsjahr eine Nichtversetzung in Anspruch nehmen und das verlorene Schuljahr einfach wiederholen. Wirft man einen Blick in das aktuelle Ranking von „Visible Learning" (vgl. Zierer, 2021a), ein Datensatz mit über 95 000 Einzelstudien und damit eine der größten Synthesen der empirischen Bildungsforschung, so zeigt sich aber: Nichtversetzung zählt zu den Maßnahmen, die am wenigsten bringen, ja sogar einen beachtlichen negativen Effekt auf die Lernleistung und auch auf das Lern- sowie Sozialverhalten von Schülerinnen und Schülern haben. Warum ist das so? In der Regel läuft eine Nichtversetzung so ab, dass Lernende aus ihrem vertrauten Klassenverband in einen neuen kommen und das, was sie schon einmal gelernt haben, nochmals lernen sollen. Was diese Lernenden aber brauchen, ist nicht ein Mehr an den gleichen Lehrplänen, den gleichen Aufgaben und Erfahrungen. Was sie brauchen, muss etwas anderes sein: ein Unterricht, der ihnen Lernerfolge ermöglicht, der sie motiviert, herausfordert und immer wieder anspornt, sich anzustrengen und einzubringen. Es geht nicht nur darum, sie fachlich zu fordern und zu fördern,

45

sondern darum, ihre Haltung zum Lernen zu verändern. Eine Nichtversetzung lädt sie oft nur ein, die Arbeit erneut zu erledigen – mit den gleichen unbefriedigenden Ergebnissen.

Schülerinnen und Schülern in der Krise die Möglichkeit zu eröffnen, eine Nichtversetzung in Anspruch zu nehmen, mag auf den ersten Blick also naheliegend sein. Auf den zweiten Blick zeigt aber die Forschung, dass dieser Weg wenig erfolgsversprechend ist: Warum soll ausgerechnet jetzt eine Maßnahme wirken, von der seit Jahren bekannt ist, dass sie nicht wirkt? Wer dennoch an dieser Möglichkeit festhalten möchte, der wird sich über die pädagogische Ausgestaltung viele Gedanken machen müssen. Beispielsweise: Wie werden Lernende im Vorfeld getestet? Eine aussagekräftige Diagnose ist die Basis jeder Förderung. Hier könnten die landesweiten Vergleichsarbeiten helfen, um festzustellen, was wirklich gelernt worden ist und wo die Lücken sind. Eine Reihe von Fragen wären zu beantworten: Welche Verfahren zur Förderung gibt es? Durchdachte Lernpfade wären das Mindeste, um wirksam werden zu können. Sie liegen bis heute nicht vor, müssten also entwickelt werden. Welche Gruppenbildung wird angestrebt? Allein die Lernenden in eine neue Klasse zu schicken, ist zu wenig. Kleingruppen, die je nach Aufgabenstellung gebildet werden, wären unerlässlich. Wie werden Lehrpersonen darauf vorbereitet? Die Nichtversetzung ist eine Tabula rasa in der Lehrerbildung, so dass eine Professionalisierung in diesem Bereich erforderlich wäre. Und schließlich: Wie werden Eltern mitgenommen? Sie sind entscheidend für Schulerfolg, gerade auch bei einer Nichtversetzung, so dass über Elternarbeit nachzudenken wäre.

Es bleiben also viele Fragen. Deren Beantwortung ist unerlässlich, damit eine gut gemeinte Maßnahme am Ende nicht wirkungslos bleibt oder sogar schadet. Bildungspolitisch ist es also angebracht, bei dem Thema der Aufarbeitung von Lernrückständen deutlich an Tempo zuzulegen. Das diskutierte

Beispiel zur Verringerung von Lernrückständen macht deutlich, dass der Komplexität von Bildungsprozessen nicht mit einfachen Rezepten begegnet werden kann. Vielmehr sind Maßnahmen auf unterschiedlichen Ebenen nötig, um kurz-, mittel- und langfristig erfolgreich sein zu können.

In diesem Kapitel wird daher erstens darauf eingegangen, welche neuen Strukturen notwendig sind, damit Förderkonzepte wirken können, zweitens erläutert, inwiefern Menschen gestärkt werden müssen, damit die neuen Strukturen wirken können, und drittens skizziert, wie eine Professionalisierung des Unterrichts vor diesem Hintergrund aussehen muss. Mit diesen Punkten soll ein Fehler vermieden werden, der bezeichnend für das Scheitern so mancher gut gemeinter Maßnahme im Zuge der Bildungskatastrophe der 1960er Jahre war: nämlich der fast ausschließliche Blick auf die Strukturen und das damit verbundene Übersehen der notwendigen Qualität innerhalb dieser Strukturen. Der Dreischritt „Strukturen schaffen – Menschen stärken – Unterricht professionalisieren" muss bildungspolitisches Leitmotiv sein. Strukturen allein genügen nicht, wenn man die Beteiligten nicht mitnimmt und zur Nutzung der Strukturen befähigt.

Strukturen schaffen

Angesichts der Rückstände im Bereich der psychischen, physischen und sozialen Entwicklung auf Seiten von Kindern und Jugendlichen wird eine der wichtigsten Aufgaben für die nächsten Wochen und Monate, vielleicht sogar Jahre darin zu sehen sein, Strukturen zur individuellen Förderung einzurichten und umfassende Bildungsräume für kognitives, soziales und körperliches Lernen zu schaffen.

Gerade zur individuellen Förderung liegen aus der Vergangenheit vielversprechende Strukturmaßnahmen vor, bspw. Sommerschulen, Nachmittagskurse oder Hausaufgabenbetreuung. Auch die Ganztagsschule erfährt vor dem Hintergrund einer drohenden Bildungskatastrophe eine neue Bewertung, vereint sie doch eine Reihe der angesprochenen Ansätze und führt sie zu einem stimmigen Ganzen.

Auf den ersten Blick erzielen die genannten Konzepte wie Sommerschule, Nachmittagskurse, Hausaufgabenbetreuung und auch die Ganztagsschule im Durchschnitt nur mäßige Effekte (vgl. Hattie et al., 2018). Angesichts der damit verbundenen Kosten ein ernüchterndes Bild. Auf den zweiten Blick zeigt sich aber, dass zum einen die angesprochenen Effekte bei allen Schülerinnen und Schülern feststellbar sind – unabhängig vom Bildungsmilieu, von der Schulart, vom Alter, vom Fach und dergleichen – und zum anderen größere Unterschiede der Effekte eine Folge der Qualität der Maßnahmen sind. Es gibt also gut gemachte Sommerschulen, Nachmittagskurse und Hausaufgabenbetreuungen – und leider auch schlecht gemachte.

Wodurch zeichnen sich die erfolgreichen Maßnahmen aus? Was ist also entscheidend für den Erfolg einer Sommerschule, eines Nachmittagskurses oder einer Hausaufgabenbetreuung? Gerade vor dem Hintergrund der dringenden Strukturreformen zum Abbau von Bildungsrückständen und für mehr Bildungsgerechtigkeit sind die Erkenntnisse der empirischen Bildungsforschung wichtig. Denn ein ähnliches Desaster wie bei der Implementation der Corona-App darf im Bildungsbereich nicht passieren.

Sommerschulen attraktiv und wirksam machen

Da die Forschungsergebnisse über alle genannten Maßnahmen hinweg in eine Richtung weisen, reicht es aus, am Beispiel Sommerschulen die Kernbotschaften zu verdeutlichen:

Sommerschulen wurden insbesondere in den USA konzipiert. Trotz nachweisbarer Erfolge wird diese Tradition nur vereinzelt in anderen Ländern aufgegriffen. Ursprüngliches Ziel der Sommerschulen ist es, die negativen Effekte, die infolge der Sommerferien alljährlich feststellbar sind, abzumildern. Heute gibt es weitere Gründe für die Einführung einer Sommerschule. Ihnen allen gemein ist die Behebung von Lerndefiziten. Sie unterscheiden sich im Hinblick auf die Zielgruppe der Lernenden, so dass mindestens vier Arten von Sommerschulen zu nennen sind:

Erstens gibt es solche, die Schülerinnen und Schülern helfen, Defizite des laufenden Schuljahres zu kompensieren und die Mindestanforderungen für die Versetzung zu stabilisieren. Zweitens existieren Sommerschulen, in denen Lernende ein Unterrichtsfach wiederholen, das sie während des Schuljahres nicht bestanden haben. Drittens werden Sommerschulen für Lernende mit besonderem Förderbedarf angeboten, um ihnen eine über das normale Unterrichtsmaß hinausgehende Unterstützung zuteilwerden zu lassen. Und viertens verfolgen sie das Ziel, Lernende aus sozial benachteiligten Familien anzusprechen, um bestehende Bildungsungleichheiten abzufedern und für mehr Bildungsgerechtigkeit zu sorgen.

In den USA haben sich die Angebote mit zunehmender Etablierung von Sommerschulen erweitert. Sie werden nicht mehr nur zur Behebung von Lerndefiziten konzipiert. So werden sie mittlerweile auch für Lernende angeboten, die aufgrund außerschulischer Verpflichtungen nicht in der Lage sind, regelmäßig am Unterricht teilzunehmen, etwa weil sie im Leistungssport aktiv sind. Ebenso werden Sommerschulen für Lernende geöffnet, die schneller im Bildungssystem voranschreiten wollen. In den 1960er Jahren beispielsweise, in denen es aufgrund des Babybooms zu Platzmangel an Schulen kam, wurden Sommerschulen als Möglichkeit gesehen, den Abschluss zu beschleunigen, um Platz für die wachsende Zahl an Schülerinnen und Schülern zu schaffen. In den letzten Jahren werden die Sommerferien als ideale Zeit angesehen, um spezielle Programme für hochbegabte Lernende anzubieten. In diesen Schulen geht es folglich nicht um die Behebung von Lerndefiziten, sondern um eine Beschleunigung (Akzeleration), also um einen Unterricht für Fortgeschrittene. Anders als solche zur Behebung von Lerndefiziten sind Sommerschulen zur Akzeleration in der Regel nicht kostenlos, sondern mit einer Gebühr belegt oder in ein Stipendienprogramm eingebunden. Aufgrund der unsicheren Anstellungssituation von Lehrerinnen und Lehrern in den USA bieten Sommerschulen diesen auch eine zusätzliche Einnahmequelle.

Die Wirksamkeit von Sommerschulen ist mittlerweile umfangreich erforscht. Der Synthese in „Visible Learning" (vgl. Hattie et al., 2018; Zierer, 2021), dem größten Datensatz der empirischen Bildungsforschung, liegen drei Metaanalysen zugrunde, die insgesamt 105 Einzelstudien umfassen. Aus diesen Daten lässt sich schlussfolgern, dass Sommerschulen eine positive Wirkung auf die Lernleistung von Schülerinnen und Schülern haben, und zwar in beiden vorgestellten Fällen: zur Behebung von Lerndefiziten und zur Akzeleration. Angesichts des Aufwandes, der hinter der Umsetzung einer Sommerschule steht, mag der Effekt auf den ersten Blick gering erscheinen. Ein zweiter Blick in die Details der Forschungen legt, wie so oft bei Strukturmaßnahmen, offen: Vor allem die Interaktion zwischen allen Beteiligten entscheidet über den Erfolg einer Maßnahme. Aus diesem Grund lohnt es sich, die Umsetzung genauer in den Blick zu nehmen. Schließlich können daraus allgemeine Konsequenzen für eine individuelle Förderung abgeleitet werden:

Obschon Schülerinnen und Schüler aller sozialen Milieus Lernfortschritte in einer Sommerschule erzielen können, sind

die Effekte bei Lernenden aus mittleren und höheren Bildungs-
niveaus größer als bei Lernenden aus bildungsfernen Milieus. Der
Grund dafür ist der sogenannte Matthäus-Effekt, wonach Lernende aufgrund bestimmter familiärer und sozialer Unterstützungsmechanismen mehr von Bildungsangeboten profitieren können.
Diese Unterstützungsmechanismen fehlen Kindern und Jugendlichen aus bildungsfernen Milieus häufig. Nichtsdestotrotz ist
aber festzuhalten, dass auch unter den bestehenden Verhältnissen
Lernende aus diesen Milieus von Sommerschulen profitieren und
ein gezieltes Angebot für diese Gruppe vor allem im Hinblick auf
mehr Bildungsgerechtigkeit richtig ist.

Sommerschulen sind umso effektiver, je kleiner die Lern-
gruppe ist. Sind die Kurse zu groß, schwindet der Lernzuwachs.
Betrachtet man hierzu weitere Forschungen, dann dürfte eine
wirksame Gruppengröße bei maximal fünf Lernenden liegen.
Entscheidend ist auch in diesem Kontext die Frage, wie es den
Lehrpersonen gelingt, in den kleineren Lerngruppen herausfor-
dernde Ziele zu setzen, Schülerinnen und Schüler zu motivieren,
sie in den Austausch zu bringen sowie wirksames Feedback ein-
zuholen und zu geben.

Mit Blick auf die Lernleistungen ist festzustellen, dass in allen untersuchten Fächern positive Effekte durch Sommerschulen erzielt werden. Zwar sind diese in Mathematik generell etwas
höher als im Sprachunterricht, angesichts der Bedeutung der
Sprache für den schulischen Lernerfolg und die gesellschaftliche
Teilhabe darf daraus aber nicht der Schluss gezogen werden, dass
sich der damit verbundene Einsatz in Sommerschulen nicht loh-
nen würde. Stattdessen sind zwei Merkmale wirksamer Sommerschulen an dieser Stelle zu nennen: Einerseits ist eine zielgenaue
Diagnose hilfreich, um den Lernenden Angebote unterbreiten
zu können, die ihnen wirklich helfen. Diese Angebote dürfen
nicht zu schwer und nicht zu leicht, sondern müssen heraus-

fordernd sein. Andererseits ist die Flankierung des fachlichen Lernens mit metakognitiven Strategien besonders lernförderlich – beispielsweise ist zu klären, wie der Lernende mit Fehlern umgeht, was er macht, wenn er nicht mehr weiterweiß, wie er bei der Problemerschießung vorgeht und welche Verfahren des Problemlösens er anwendet. Beide Aspekte lassen sich nicht nur in Sommerschulen beobachten, sondern allgemein beim schulischen Lernen.

Schließlich weisen die Forschungsergebnisse darauf hin, dass regional aufgesetzte Sommerschulen wirksamer sind als landesweit implementierte. Als Grund dafür wird genannt, dass kleinere Programme den Verantwortlichen mehr Flexibilität geben, den Unterricht, insbesondere die Unterrichtsinhalte, auf die speziellen Bedürfnisse der Lernenden und deren spezifischen Kontext zuzuschneiden. Eine zentrale Steuerung verhindert diese Möglichkeiten häufig. Wie so oft bei Strukturfragen ist die Aufwand-Nutzen-Relation in einem Spannungsfeld zu sehen, wonach zu groß ebenso nachteilig werden kann wie zu klein.

Zu den Gründen, die von Eltern und Lehrpersonen für das Scheitern von Sommerprogrammen genannt werden, gehören die Kurzfristigkeit der Entscheidungsfindung und der daraus resultierende Planungsdruck sowie das nicht rechtzeitige Eintreffen der benötigten Materialien. Diese Probleme sind bei großen Programmen häufiger anzutreffen und durch eine stärkere finanzielle Unterstützung lösbar.

Was die Rolle der Eltern angeht, legen die Forschungsergebnisse nahe, dass deren Einbindung in die Sommerschule wichtig ist. Dies ist vor allem deshalb der Fall, weil Lernerfolg immer auch vom Elternhaus abhängig ist. Gerade Lernende, die eine Sommerschule besuchen, um Lerndefizite zu beheben, erfahren in der Regel wenig Unterstützung durch das Elternhaus. Diesen Eltern bewusst zu machen, wie wichtig sie für den Lernerfolg ihrer Kinder sind, muss folglich Bestandteil erfolgreicher Sommerschulangebote sein und kann durch Elternkurse und Elternabende ermöglicht werden.

Die Wirksamkeit von Sommerschulen wird auch durch eine fehlende Erhebung des Lernfortschrittes und eine unzureichende Kontrolle der Tätigkeiten beeinträchtigt. So sind regelmäßige Zwischenerhebungen wichtig, um das Niveau des Unterrichts fortlaufend den Fähigkeiten der Lernenden anzupassen, und ebenso die Überprüfung der Aufgabenerfüllung und der Anwesenheit.

Die Forschungsergebnisse liefern klare Richtlinien für politische Entscheidungsträger, insbesondere zur Finanzierung, Entwicklung und Umsetzung von Sommerschulen. Zweifelsfrei führen Sommerschulen zu positiven Effekten. Diese erscheinen nur auf den ersten Blick nicht allzu hoch. Auf den zweiten Blick sind sie aber nicht zu vernachlässigen – vor allem deswegen, weil in der Regel Lernende davon profitieren, die schulisch sonst noch weiter abfallen würden. Darüber hinaus ist zu vermuten, dass Sommerschulen positive Effekte haben, die weit über die in der bisherigen Forschung beobachteten hinausgehen. Für Kinder, die in Gegenden mit hoher Kriminalität und Armut leben, bieten Sommerschulen eine sichere und anregende Umgebung, die den Alternativen eindeutig vorzuziehen ist. Sommerschulen können so die Delinquenz von Jugendlichen eindämmen. Für Ein-Eltern-Familien und Familien, in denen beide Elternteile außer Haus arbeiten, übernehmen sie eine Betreuungsfunktion.

Um die Attraktivität von Sommerschulen zu steigern, gibt es verschiedene Ansätze. Vielversprechend ist es, sie nicht als Zusatzangebot einzurichten, sondern als festen Bestandteil des Schulprofils. Damit wird ein Kulturwandel initiiert, der in Schulen generell wichtig ist: Individuelle Förderung ist nicht etwas Besonderes oder eine Ausnahme oder ein Notprogramm, sondern es ist eine Selbstverständlichkeit des schulischen Lernens, sich immer wieder herauszufordern und weiterzuarbeiten. Um die Qualität zu sichern, ist eine regelmäßige Evaluation vonnöten, die dann nach außen gerichtet mit positiven Ergebnissen die Attraktivität für Lernende und deren Familien unterstreichen kann.

Auch wenn bei der Erforschung der Wirksamkeit von Sommerschulen die sogenannte kulturelle Rahmung (in Form von Festen und Feiern, gemeinsamen Aktivitäten usw.) bisher wenig beleuchtet wurde, die allgemeine Studienlage zu diesem Themenkomplex zeigt: Die kulturelle Rahmung ist bedeutsam, damit Schule nicht nur Lernort, sondern auch Bildungsraum wird. Freude am Lernen ist ebenso wichtig wie die Wirksamkeit des Lernens. Allen voran sind hier erlebnispädagogische Maßnahmen zu nennen, beispielsweise Lesenächte, Zeltlager und Schullandheimaufenthalte. Sie können, ja müssen in Programme zur individuellen Förderung integriert werden. Die Effekte sind auf alle untersuchten Bereiche positiv: auf mathematische, naturwissenschaftliche und sprachliche Kompetenzen, auf soziale Kompetenzen, auf das Selbstkonzept und auf die Lernmotivation. Und noch eine Besonderheit von erlebnispädagogischen Maßnahmen: Sie haben sogenannte Follow-Up-Effekte und behalten ihren Einfluss über die Maßnahme hinaus. Das ist in der Erziehungswissenschaft selten. Meistens tritt ein sogenannter Wash-Out-Effekt ein, demzufolge nach einer gewissen Zeit der Einfluss einer Maßnahme nicht mehr nachgewiesen werden kann, beispielsweise bei vielen Programmen zur frühkindlichen Förderung.

Die Forderung angesichts einer drohenden Bildungskatastrophe liegt auf der Hand: In Zukunft muss jede Klasse mindestens einmal im Schuljahr eine erlebnispädagogische Maßnahme erhalten. Dies fördert nicht nur das fachliche Lernen, sondern auch die soziale und physische Entwicklung. Und in der Lehrerbildung muss dieses Thema von Anfang an gesetzt werden – jemand, der sich nicht vorstellen kann, eine Woche mit seiner Klasse außerhalb der Schule unterwegs zu sein, muss aufgefordert werden, seine Berufswahl zu überdenken.

Bei der Suche des Personals für die Sommerschule sind viele Wege möglich. So lassen sich Sommerschulen mit den Lehrpersonen der Schule ebenso umsetzen wie mit außerschulischem Personal. Wichtig ist in beiden Fällen, das Personal auf die Sommerschule vorzubereiten, weil der Kontext des Lernens aufgrund der Gruppengröße, der Lernzeiten und der Ziele anders ist als im regulären Schulbetrieb. Die Koppelung von Sommerschulen und Lehrerfort- und -weiterbildungen wird vielerorts erfolgreich umgesetzt. Beispielsweise lernen Lehrerinnen und Lehrer neue Methoden am Nachmittag kennen, die sie dann am nächsten Morgen ausprobieren können. Interessant ist in diesem Zusammenhang der Gedanke des „fliegenden Starts": Durch die Verlagerung eines Teils der Sommerschule an den Schulanfang könnte für das neue Schuljahr die Zeit für Wiederholung verkürzt und zügiger weitergearbeitet werden. Zudem könnten Lehrpersonen, die im neuen Schuljahr die Teilnehmerinnen und Teilnehmer der Sommerschule unterrichten, diese schon kennenlernen und damit Beziehungsarbeit leisten. Von einem solchen „fliegenden Start" können nicht nur die Lernenden der Sommerschule profitieren, sondern alle Lernenden einer Klasse.

Die dargestellten Facetten einer erfolgreichen Sommerschule können als Masterplan einer individuellen Förderung gesehen werden. Denn sie gelten ebenso für Nachmittagskurse und Hausaufgabenbetreuung, selbst in erfolgreichen Ganztagsschulkonzepten haben sie ihren Platz. Im Kern geht es dabei um den bereits angesprochenen Kulturwandel, wonach individuelle Förderung nicht mehr etwas Besonderes, eine Ausnahme oder ein Notprogramm darstellt, sondern etwas Selbstverständliches in der Schule ist. Zur Verhinderung der drohenden Bildungskatastrophe sind die genannten Maßnahmen sicherlich notwendig. Sie eröffnen aber auch die Chance, Schule genau an dieser Stelle neu zu denken und nachhaltig zum Wohl der Lernenden weiterzuentwickeln.

Schulfernsehen ins digitale Zeitalter überführen

Eine Flankierung von Sommerschulen, Nachmittagskursen und Hausaufgabenbetreuung könnte das Schulfernsehen sein. Bereits in den 1960er Jahren wurde es im Zuge der von Georg Picht angestoßenen Diskussionen um die damals befürchtete Bildungskatastrophe eingeführt. 1964 startete der Bayerische Rundfunk sein Angebot, 1969 kam der WDR hinzu, und 1972 stand flächendeckend ein Angebot zur Verfügung. In Österreich und der Schweiz war die Entwicklung ähnlich. Ab 1964 strahlten ORF und SRF regelmäßig ein Angebot für Schulen aus.

Ein besonderes Angebot in diesem Zusammenhang stellte das „Telekolleg" dar. Dieses war als Maßnahme zur Erwachsenenbildung konzipiert und verfolgte das Ziel, Menschen aus dem ländlichen Raum, insbesondere Frauen, die mittlere Reife bzw. die Fachhochschulreife zu ermöglichen. Ein klares Bekenntnis für mehr Bildungsgerechtigkeit war somit der Antrieb für das Telekolleg. Initiiert wurde es von Bayern. Schnell schlossen sich mehrere Bundesländer an. Heute wird das Telekolleg allerdings nur noch in Bayern und Brandenburg angeboten. Allein in Bayern konnten über 65 000 Menschen einen der genannten Abschlüsse erreichen.

Aktuell ist Schulfernsehen vielerorts gesetzlich und institutionell verankert. Im Zuge der Schulschließungen als Teil der Maßnahmen zur Eindämmung der Coronapandemie haben mehrere Länder in Europa das Schulfernsehen neu aufgelegt:

In Österreich beispielsweise wurde jeden Vormittag drei Stunden lang die „Freistunde" für Schülerinnen und Schüler ab zehn Jahre ausgestrahlt und mit Onlinematerialien ergänzt. Auch in Portugal und in der Schweiz gab es entsprechende Plattformen. Einen besonders umfangreichen Ansatz verfolgte mit „BBC Bitesize" die BBC in England. Sie erstellte eine komplette Mediathek entlang der Lehrplaninhalte für alle Jahrgangsstufen und alle Fächer und ermöglichte zudem mit festen Sendezeiten eine Strukturierung des Tages. In Deutschland stellten die öffentlich-rechtlichen Sender zwar auch im Internet ein Angebot zusammen, dieses wurde aber weitestgehend isoliert vom Distanzunterricht angeboten.

Blickt man auf die Forschungen zum Schulfernsehen, so ist zunächst festzustellen, dass es kaum Untersuchungen gibt (z. B. Boum, 2003). Die wenigen Studien zum Thema zeigen die Möglichkeiten des Schulfernsehens ebenso auf wie seine Grenzen. Schulfernsehen kann flächendeckend zu einem Lernzuwachs führen, wenn es bestimmte Eigenschaften mit sich bringt. Voraussetzung sind in jedem Fall eine funktionierende Struktur, d. h. ein sicherer Empfang, Endgeräte für alle Lernenden sowie verlässliche Verfahren bei der Versendung von Lernmaterialien. Einer der zentralen Aspekte ist die Qualität der Sendungen: Wie ist die Ansprache? Wie gelingt es, Schülerinnen und Schüler zu motivieren? Wie ist die didaktische Reduktion der Inhalte? Welche Möglichkeiten der audiovisuellen Aufbereitung werden genutzt? Erfolgreiches Schulfernsehen wird zudem von einem direkten Unterstützungsangebot begleitet. Lernende haben in dafür vorgesehenen Zeiten die Möglichkeit, mit einer Lehrperson zu kommunizieren und sich auch untereinander auszutauschen. Darüber hinaus sind umfangreiche Lernmaterialien wichtig, die neben effektiven Diagnoseverfahren auch Übungsaufgaben und Feedbackmöglichkeiten enthalten. Auch hier ist also die Frage der Qualität entscheidend und nicht schon die Bereitstellung der Struktur an sich. Am wirksamsten sind Angebote, die neben dem Schulfernsehen immer auch Präsenzphasen vorsehen. So kann die Kraft der Peers genutzt und auch die Rolle der Lehrpersonen in all ihren Facetten eingebunden werden.

Im Vergleich zu früher sind die technischen Rahmenbedingungen heute um ein Vielfaches besser: In jedem Haushalt gibt es einen Zugang zum Fernsehen, auch ein schneller Internetzugang ist zwar nicht überall, aber doch immer öfter gegeben. Bei allen pädagogischen Bedenken gegenüber dem Fernsehen, in der Krise hätte es zum Heilsbringer avancieren können, und nach der Coronapandemie könnte es helfen, flächendeckend für mehr Bildungsgerechtigkeit zu sorgen. Aber nicht als bloßes „Glotze an". Sondern dank Digitalisierung auf einem umfangreichen und vielfältigen Weg. Die Digitalisierung könnte das Schulfernsehen revolutionieren. Wie müsste dieses aussehen?

Viele Sender machen bereits Angebote, der entscheidende Schritt aber fehlt: Für jede Klassenstufe könnte vonseiten der Ministerien, am besten bundesweit über die Kultusministerkonferenz (KMK) ein Krisenstundenplan entwickelt werden mit festen, fokussierten und rhythmisierten Sendezeiten. Diese könnten didaktisch so aufbereitet werden, dass Schülerinnen und Schüler zumindest flächendeckend die wichtigsten Inputs erhalten und durch digitale Angebote, wie Quizfragen und Portfolios, erweitert werden. Auch Kooperationsphasen der Lernenden untereinander können über zahlreiche Plattformen integriert werden. Lehrerinnen und Lehrer könnten sich damit im Distanzunterricht auf das Wesentliche konzentrieren: Feedback einholen und geben. Ob die Aufgaben dann per Post verschickt, bei einer Erledigungsfahrt an der Schule abgegeben oder digital eingereicht werden, all das würde nicht entscheidend sein. Durch eine kluge Rhythmisierung in 20-Minuten-Sequenzen und eine didaktische Aufbereitung auf höchstem Niveau (mit Lernstandserhebungen und -tests) können die Mindeststandards in allen Fächern und allen Jahrgangsstufen vermittelt werden. Lernende hätten so eine Struktur, Lehrpersonen eine Unterstützung, Eltern eine Entlastung. Natürlich geht auch das nicht von heute auf morgen. Aber: Es gibt so viele engagierte Lehrpersonen. Warum nicht diese zusammenschließen, um in der Kürze der Zeit ein solches Notprogramm auf die Beine zu stellen? Nicht jede Lehrperson muss in mühsamer Einzelleistung das Rad neu erfinden.

Die Bildungspolitik könnte die Führung übernehmen und endlich ihre Stärke unter Beweis stellen. Längerfristig könnte das Schulfernsehen ausgebaut und mit digitalen Tools ergänzt werden, so dass es auch nach der Krise hilfreich sein kann – zur Differenzierung und Förderung, zur Vorbereitung und Nachbereitung von Unterricht, zur gezielten Unterstützung im Rahmen einer Sommerschule, eines Nachmittagskurses oder einer Hausaufgabenbetreuung. Selbst für ein Wiederholungsjahr oder für das Überspringen einer Klasse wäre es eine sinnvolle Ergänzung. Gerade die digitalen Tools sind es, die in allen genannten Maßnahmen wichtig sind und damit auch eine Scharnierfunktion übernehmen können.

Dass auch das Schulfernsehen Präsenz nicht ersetzen kann, steht außer Frage: der soziale Kontakt ist das entscheidende Bildungsexilier, und er fehlt. Schulfernsehen ist also einerseits für den Notbetrieb gedacht, andererseits zur Vertiefung und Ergänzung des Normalbetriebes. Zusammen mit den anderen Strukturmaßnahmen könnte es helfen, eine Bildungskatastrophe abzufedern, vielleicht sogar zu verhindern.

Längst überfällig: die Einberufung eines Bildungsrates

Damit Bildungspolitik die notwendige Führung übernehmen kann, braucht es einen Bildungsrat, der wissenschaftliche Erkenntnisse und schulpraktische Erfahrungen in die Ministerien bringt und die Entscheidungsfindung mit theoretischer und praktischer Vernunft sowie allseitiger Empirie unterstützt.

Mit dieser Kompetenzzuschreibung wird bereits ersichtlich, dass das die Kultusministerkonferenz (KMK) nicht leisten kann. Denn sie ist als freiwilliger Zusammenschluss der für Bildung und Forschung sowie kulturelle Angelegenheiten zuständigen Politikerinnen und Politiker der Länder ein politisches Organ.

So ist es mehr als verwunderlich, warum in der Coronapandemie regelmäßige Beratungen mit Virologen und Epidemiologen stattfinden, aber nicht mit Vertreterinnen und Vertretern der Erziehungs-, Sozial- und Gesundheitswissenschaften sowie Personen aus der Erziehungs- und Unterrichtspraxis.

Derweil ist die Grundidee eines entsprechenden Beratungsgremiums nicht neu. Schon der Deutsche Bildungsrat, der 1965 ins Leben gerufen, aber bereits 1975 wieder abgeschafft wurde, verfolgte ein ähnliches Ziel. Zusammengesetzt war dieser aus Personen, die in den Bereichen Kirche, Industrie, Gewerkschaft und Wissenschaft aktiv waren. Sie konnten sich eigenständig Themen suchen, die für dringlich gehalten wurden und von politischer Relevanz waren. Anfänglich war der Deutsche Bildungsrat eine Erfolgsgeschichte, konnte er durch wichtige Publikationen entscheidend auf öffentliche Debatten und auch fachliche Diskussionen Einfluss nehmen. Erst später vermehrte sich die Kritik, vor allem vonseiten der Verwaltung und der Politik. Diesem Hin und Her fiel der Deutsche Bildungsrat letztlich zum Opfer.

Blickt man auf diese Entwicklung zurück, so lässt sich daraus vieles für die aktuelle Debatte um die erneute Einberufung eines Bildungsrates lernen. Zunächst ist festzuhalten, dass nicht die Grundidee scheiterte. Denn auch heute stellt der Föderalismus gerade im Bildungswesen eine Herausforderung dar, die über die Länder hinweg eine Abstimmung erfordert, will man sich nicht in den föderalen Strukturen verheddern. Dabei geht es nicht um die Abschaffung der Länder, sondern um den Austausch zu bildungspolitischen Grundsatzfragen jenseits regionaler Besonderheiten. Bei allen parteipolitischen Schwerpunkten, bildungspolitische Grundsatzfragen dürfen nicht politischen Machtverhältnissen zum Opfer fallen. Sie müssen an den Werten des Grundgesetzes ausgerichtet sein und für alle Menschen in Deutschland in gleicher Weise gelten. Die Frage nach Bildungsgerechtigkeit ist eine solche bildungspolitische Grundsatzfrage.

Sodann ist zu erkennen, dass sich die Zeichen der Zeit zugunsten eines Bildungsrates entwickelt haben. Waren in den 1970er Jahren die Gräben zwischen den Parteien gerade im Bildungsbereich fast unüberwindbar, sind heute mehr Gemeinsamkeiten feststellbar. Zudem gibt es eine Reihe von länderübergreifenden Themen, die bereits auf den Weg gebracht worden sind und von allen Parteien getragen werden – Inklusion, Digitalisierung und Nachhaltigkeit sind Beispiele hierfür.

Woran damals wie heute noch gearbeitet werden muss, ist zum Beispiel das altbekannte Problem der Differenz zwischen Theorie und Praxis: Wem nützt die beste Theorie, wenn sie praktisch nicht umsetzbar ist? Und was nützt die beste Praxis, wenn sie empirisch keine Wirkung erzielt? Gerade in der Zusammensetzung eines Bildungsrates sind daher die verschiedenen Protagonisten im Bildungssystem einzubeziehen: Lernende, Eltern, Lehrpersonen, Erziehungswissenschaftlerinnen und -wissenschaftler im weitesten Sinn, Gewerkschaften, Verwaltung und Politik – historisch betrachtet ist der Deutsche Bildungsrat auch am Widerstand der zuletzt Genannten gescheitert. Selbst innerhalb der einzelnen Gruppen wird umsichtig eine Auswahl zu treffen sein, sind diese doch keine homogenen Gruppen. Die vielen Strömungen allein in der Erziehungswissenschaft, die in sich geisteswissenschaftliche Ansätze ebenso vereint wie empirische Forschung, sind ein Beispiel hierfür.

Und schließlich ist bei der Aufgabenzuschreibung Besonnenheit erforderlich: ein beratendes Gremium ohne Verbindlichkeit oder gar ein Gremium mit der Möglichkeit, politische Entscheidungen herbeizuführen? Wie immer man sich auch entscheiden mag, wichtig wird sein: den Bildungsrat nicht als Gremium mit unmittelbarer politischer Entscheidungsmacht zu definieren, weil er sonst seine Unabhängigkeit von politischen Machtverhältnissen verliert und damit auch seine Beratungsfunktion – das würde dem Widerstand der historisch gewachsenen föderalen Struktur nicht standhalten. Das bedeutet, dass der Bildungsrat beides machen kann und muss: sich selbst Themen suchen, aber auch für Themen nach Auftrag offen sein.

So verstanden kann ein Bildungsrat die Prozesse der Kultusministerkonferenz (KMK) optimieren – und gerade das Durcheinander auf dieser Ebene in Zeiten der Coronapandemie hat vor Augen geführt, wie wichtig ein gemeinsames Beratungsgremium in Bildungsfragen wäre. In den letzten Jahren ist der Versuch der Einberufung eines Bildungsrates zwar auf nationaler Ebene ins Stocken geraten, obschon seine Implementation im Koalitionsvertrag von 2018 steht. Aber zumindest auf Länderebene wäre er ohne weiteres machbar. Und auch hier ist es zwar spät, aber noch nicht zu spät. Allein der gemeinsame Ort für eine Debatte über Bildung ist unterm Strich so wertvoll, dass die Einberufung eines Bildungsrates nicht fallengelassen werden darf.

Lehrpläne verändern und entlasten

Die oben genannten Maßnahmen zur individuellen Förderung lassen sich nicht entkoppeln von der Diskussion über die Stofffülle in den Lehrplänen. So war es eine naheliegende Reaktion, in Zeiten der Schulschließungen weitestgehend nur noch die Kernfächer zu unterrichten und dabei nur auf jene Lerninhalte zu fokussieren, die für den weiteren Bildungsweg besonders bedeutsam sind. Damit sollten zumindest in diesen Bereichen die Lernverluste möglichst gering gehalten werden.

Zwei Signale wurden damit bildungspolitisch – gewollt oder nicht – gesendet. Zum einen das Signal, dass nicht alles, was im Lehrplan zu den Kernfächern steht, auch wirklich so wichtig ist, wie immer getan wird. Zum anderen das Signal, dass manche Fächer durchaus entbehrlich sind.

Zwar haben es manche Fächer immer schon schwer, im bildungspolitischen Diskurs wahrgenommen zu werden. Kunst, Musik und Sport beispielsweise füllen die Ränder der Stundentafeln und fallen zuerst aus. Aber dass sie kurzerhand sogar abgewrackt wurden, ist ein neues Phänomen und treibt ein inhumanes Bildungsverständnis von Schule auf die Spitze. Angesichts der Schieflage im Bildungssystem, die infolge der Coronapandemie offensichtlich geworden ist, zeigt sich eine dringende Notwendigkeit zur Lehrplanreform, die einerseits entrümpeln und andererseits neu gewichten muss.

Es gibt für all das, was infolge der Coronapandemie mit Blick auf die Lehrpläne deutlich geworden ist, eine vorausgehende Entwicklung. Aus meiner Sicht spielt PISA dabei eine wesentliche Rolle. Entscheidend sind hier weniger die PISA-Studien an sich, die aus erziehungswissenschaftlicher Sicht einen hohen Standard haben. Vielmehr ist es die Rezeption, die PISA in der Bildungspolitik und der öffentlichen Meinungsbildung erfahren hat. Sie hat zu einer Schieflage bei den

Lehrplänen geführt. Deren Umfang hat in den letzten Jahrzehnten rasant zugenommen. Bestanden Lehrpläne zu Beginn des 20. Jahrhunderts noch aus wenigen Seiten, kommt man heute schnell auf mehrere hundert. Den Schulen wurden immer mehr Aufgaben zugewiesen. Sie lehren heutzutage nicht nur Lesen, Rechnen, Schreiben, sondern bewältigen auch Herausforderungen wie Digitalisierung und Inklusion. Schulen können jedoch nicht alle gesellschaftlichen Probleme lösen, und Schülerinnen und Schüler können nicht unendlich viel lernen. Wenn Neues hinzukommen soll, muss anderes aus den Lehrplänen gestrichen werden.

Ein weiteres Problem: Fächer, die aus einer vordergründig ökonomischer Sicht als wichtig erscheinen, erfahren mehr Beachtung und Unterstützung als andere. Wir reden heute vor allem über die MINT-Fächer, andere Fächer bewegen sich dagegen am Existenzminimum. Warum wird dem musischen, ästhetischen, sportlichen oder moralischen Bereich weniger Aufmerksamkeit geschenkt? Und warum sind Mathematik, Physik, Chemie und Biologie fester Bestandteil im Fächerkanon, aber nicht Pädagogik, Medizin oder Philosophie?

Gegenwärtig lautet die Maxime: Je früher, desto besser. Kindern wird bereits im Vorschulalter alles Mögliche beigebracht. So sinnvoll es ist, die kindliche Entwicklung von Beginn an anzuregen und zu unterstützen, stellt sich doch oft die Frage, wie nachhaltig manche Förderprogramme wirken und ob sie ein breites Spektrum von Fähigkeiten und Talenten ansprechen. Nicht selten wird heute in den Kitas der Schule vorgegriffen. Auch wenn man früh den Forschergeist wecken möchte, sollten die Experimente so angelegt sein, dass sie von den Kindern auch verstanden werden können.

All dies weist auf ein verengtes Bildungsverständnis hin. Ob Schulen zu sozialer oder kultureller Teilhabe führen, zu einem friedlichen und humanen Miteinander, zu einem respektvollen und verantwortungsbewussten Umgang – all das wird in den Lehrplänen zu wenig beachtet.

Bildung und Bildungspolitik werden zunehmend global. Den internationalen Vergleichsstudien ist es zu verdanken, dass in den meisten Ländern der Erde Bildung als Schlüssel für Menschenrechte, Frieden und Wohlstand gesehen wird. Allerdings hat auch diese Entwicklung eine Kehrseite: Regionale Besonderheiten und kulturelle Eigenheiten treten in den Hintergrund. Bildung wird nicht selten auf Globales reduziert, so dass eine Rückbesinnung auf Regionales, auf eine Verankerung in der unmittelbaren Lebensumgebung als notwendig erscheint. Globale Rückwirkungen auf die Region, vom Klimawandel über Migration bis zu demografischen Veränderungen, müssen angesprochen und verstanden werden, um verantwortungsbewusst handeln zu können.

Aktuelle Lehrpläne bereiten die junge Generation nicht auf das vor, was wir heute schon wissen – und nicht auf das, was wir heute noch nicht wissen können. Sie bereiten sie auf das vor, was gestern wichtig war. Die nachwachsende Generation braucht nicht nur Fachwissen, sondern auch Denkweisen, nicht nur die Tiefe in einem Fach, sondern auch die Verknüpfung der Fächer, nicht nur Expertentum, sondern auch Kreativität, nicht nur egozentrisches Leistungsstreben, sondern auch eine respektvolle und ethische Haltung gegenüber der Mit- und Umwelt.

Darum wird es Zeit für Folgendes (vgl. Nida-Rümelin et al., 2018):

1. Die Stoffffülle in allen Lehrplänen muss drastisch reduziert werden – eine alte Forderung, die, nur weil sie alt ist, nicht falsch ist. Diese verfolgt nicht das Ziel, Schule leichter zu machen, sondern herausfordernder, weil sinnvoller.

2. Der Mut zur Lücke muss größer werden – das Bestreben, ein Fach in der Schule umfassend behandeln zu wollen, führt zwangsläufig zu trägem Wissen.

3. Der Unterricht muss mit mindestens 25 Prozent der Unterrichtszeit an Schlüsselproblemen unserer Zeit ausgerichtet werden: soziale Gerechtigkeit, Nachhaltigkeit aus ökologischer, ökonomischer und sozialer Sicht, Demokratisierung sowie Krieg und Frieden – damit werden Lehrpläne flexibel, um aktuelle Herausforderungen angemessen bearbeiten zu können. Auch die Coronapandemie ist hierfür ein Beispiel.

4. Die Region und die Heimat müssen stärker in den Blick genommen werden. Konkrete Projekte sollten mit der Frage beginnen, wo der kulturelle, politische und historische Ausgangspunkt vor Ort ist, und erst darauf aufbauend globale Zusammenhänge erschließen. Anerkennung von Vielfalt und Urteilskraft gründet auf der Kenntnis der eigenen Identität. Fridays for Future ist hierfür ein durchaus kontroverses Beispiel. Es kann doch nicht sein, dass die nachwachsende Generation auf der Straße mehr über ihre Zukunft lernt als in der Schule!

5. Bildung muss entschleunigt werden – Lernen braucht Zeit, auch und gerade in Zeiten der Digitalisierung. Um einen Sachverhalt nicht nur gelernt, sondern auch verstanden zu haben, ist Muße im positiven Sinn unabdingbar.

6. Humanität muss das Leitmotiv der Lehrpläne sein – einer weiteren Ökonomisierung von Bildung ist Einhalt zu gebieten. Es ist inhuman, nach dem Wert des Menschen zu fragen und Bildung darauf zu reduzieren.

7. Inter- und transdisziplinäres Denken muss ausgebaut werden. Beispielsweise lässt sich Nachhaltigkeit als Schlüsselproblem bei aller Notwendigkeit von Fachlichkeit nicht nur mit einer Summe aus physikalischen, biologischen, chemischen und anderen Kenntnissen bewältigen. Vielmehr erfordert es den re-

flektierten und kreativen Umgang mit fachlichem Wissen und Können über die Fachgrenzen hinweg.

8. Praktische, kreative und ethische Fragen für den Unterricht müssen wiederentdeckt werden – der Mensch ist mehr als das, was ein Intelligenztest misst.

Zu guter Letzt ist auf ein Fächerbündel hinzuweisen, dessen Potenzial bis heute verkannt wird: Kunst, Musik und Sport. Das sind die Fächer, die in besonderem Maß von der Kooperation und Kollaboration leben, die Kreativität fördern und fordern, die auf Kommunikation aufbauen und kritisches Denken als Grundbedingung ansehen. Auch wenn das hier zitierte 4K-Modell (Kollaboration, Kommunikation, Kreativität, kritisches Denken) mehr an einen technischen Standard erinnert und gerne als Pseudotheorie der Digitalisierungseuphorie gesehen wird, in den genannten Fächern findet es eine treffende Zuspitzung. Insofern erweisen sich die Maßnahmen zur Eindämmung der Coronapandemie als ein Weckruf, in zukünftigen Lehrplänen die musischen, künstlerischen und sportlichen Bereiche ins Zentrum zu rücken. Gerade auch deswegen, weil in diesen Fächern Bildungsungleichheiten weniger zum Tragen kommen und auch weniger verstärkt werden. Ganz im Gegenteil: Diese Fächer bilden den sozialen Kitt, der für eine Demokratie notwendig ist. Sie sind die Fächer, die am besten für Bildungsgerechtigkeit sorgen, weil sie immer den Menschen in all seinen Möglichkeiten ansprechen und insofern positive Effekte auf die psychische, physische und soziale Gesundheit haben.

Die deutliche Reduzierung der Stofffülle, vor allem in den Kernfächern, auf der einen Seite und die stärkere Gewichtung der musischen Fächer auf der anderen Seite bilden den Kern einer Lehrplanreform. Diese erfordert die Coronapandemie allein schon deswegen, weil zu viel Unterrichtszeit ausgefallen ist und die Lernrückstände kaum noch zu kompensieren sind. Dabei ist wichtig: Es reicht nicht aus, nur etwas für das Jahr nach der Coronapandemie zu tun, sondern die Lehrplanreform muss jetzt für alle Jahrgangsstufen angegangen werden. Nur so kann Bildungsgerechtigkeit hergestellt werden.

Die weiter oben formulierten acht Punkte mögen weitestgehend auf Zustimmung stoßen. Aber bei der Umsetzung werden sich die Geister scheiden: Ist das alles nicht pädagogisches Wunschdenken ohne Realitätsbezug? Mindestens 25 Prozent streichen und dafür was tun? Im Folgenden möchte ich daher die Probe aufs Exempel machen und das Modell des Epochenunterrichts vorstellen. Dieser hat bereits in der Reformpädagogik seine Wurzeln und wurde auch von dem Erziehungswissenschaftler Wolfgang Klafki (1927–2016) als ein Weg für die Behandlung von epochaltypischen Schlüsselproblemen gesehen. Als solche definiert er gesamtgesellschaftliche Herausforderungen, die brandaktuell, weltweit von Bedeutung, historisch gewachsen und nur interdisziplinär zu lösen sind. Bisherige Lehrpläne lassen dafür keinen Raum, verfallen vielmehr in eine Präambellyrik, in der alle drängenden Fragen der Zeit irgendwie und sehr allgemein formuliert enthalten sind, aber sich keiner verantwortlich fühlt. Damit wirken sie auf Kinder und Jugendliche lebensfremd.

Rückblickend mag die Zeit damals noch nicht reif gewesen sein für eine entsprechende Neugestaltung des Schulalltags. Angesichts der Folgen aus der Coronapandemie und der allgemeinen Herausforderungen unserer Zeit ist Epochenunterricht ein, wenn nicht sogar der zukunftsfähige Ansatz für die Umsetzung einer Lehrplanreform. Dazu habe ich mir die Stundentafel für eine fünfte Klasse am Gymnasium vorgenommen, die ungefähr folgende Fächer mit Stundenanzahl umfasst: Mathematik vier, Deutsch fünf, Englisch sechs, Religion zwei, Erdkunde zwei,

Biologie zwei, Kunst zwei, Musik drei und Sport vier. In der Summe also 30 Unterrichtsstunden in der Woche:

1. Schritt: An den Beginn des Schultages sind konsequent die musischen Fächer zu stellen. Es kann nicht sein, dass diese weiterhin am Rand des Tages stehen und immer zuerst einer wie auch immer zu verantwortenden Verkürzung des Schultages zum Opfer fallen. Gerade die Schieflage in der körperlichen Entwicklung erfordert eine Konzentration auf körperliches Lernen – auch und vor allem mit Blick auf Bildungsgerechtigkeit.

2. Schritt: Von folgenden Fächern wird jeweils eine Stunde abgezweigt und für den Epochenunterricht reserviert: Mathematik, Deutsch, Erdkunde, Biologie, Religion und Musik, von Englisch sogar zwei Stunden. Das sind acht von 30 Stunden und damit gut 25 Prozent.

3. Schritt: Die so gewonnenen acht Stunden werden folgendermaßen aufgeteilt: Zu Beginn und am Ende der Woche finden am Montag und am Freitag in der dritten Stunde der Auftakt und der Abschluss des Epochenunterrichts statt. Die Erarbeitung im Epochenunterricht läuft am Dienstag, Mittwoch und Donnerstag in der dritten und vierten Stunde.

4. Schritt: Im Epochenunterricht wird am Montag in der Klasse ein aktuelles Thema besprochen, das für mindestens eine Woche bearbeitet werden soll. Dieses Thema soll einen Lebensweltbezug für die Kinder und Jugendlichen haben. Um hierbei eine demokratische Abstimmung zu erreichen, sind im Auftakt entsprechende demokratische Verfahren anzuwenden. Soziales Lernen und die Frage nach dem Sinn des Gelernten werden damit zu Kerngedanken des Unterrichts.

5. Schritt: Nach der Themenfindung erfolgt eine Bearbeitung in den Fächern. Denn eines ist klar: Interdisziplinäres Denken setzt disziplinäres Denken voraus. Insofern spielen die Fächer, denen auf den ersten Blick eine Stunde genommen worden ist,

auf den zweiten Blick eine zentrale Rolle. Am Dienstag, Mittwoch und Freitag folgt somit eine tiefergehende disziplinäre Erschließung des Themas. Somit kommen Mathematik, Deutsch, Englisch usw. auf ihre Kosten, rücken aber näher an die Lebenswelt als jemals zuvor.

6. Schritt: Zum Abschluss des Themas kommt es am Freitag zu einer interdisziplinären Betrachtungsweise. Die Erkenntnisse aus den Fächern werden vorgestellt und diskutiert, es wird verhandelt und abgewogen, bevor schließlich eine Entscheidung auf demokratischem Weg erzielt wird. Erneut spielen also soziales Lernen und die Frage nach dem Sinn eine entscheidende Rolle.

Die Vorteile eines Epochenunterrichts liegen auf der Hand: Er sichert einen Lebensweltbezug, schafft Räume für interdisziplinäres Denken, fördert soziales Lernen, setzt demokratische Prinzipien um und gibt Zeit für Diskussionen. Mit ihm als Organisationsplattform lässt sich eine Lehrplanreform im dargelegten Verständnis umsetzen, und es wäre sichergestellt, dass Strukturmaßnahmen bis in die Ebene der Interaktionen in den Klassenzimmern wirken.

Menschen stärken

Bei aller Deutlichkeit, mit der sich eine Bildungskatastrophe infolge der Coronapandemie ankündigt – es gibt in dieser Zeit auch Menschen, die unbeschadet, ja manche sogar gestärkt aus der Krise hervorgegangen sind. Was waren ihre Voraussetzungen und was lässt sich daraus für die Zukunft des Bildungssystems schließen? Im Folgenden soll hierfür auf die wichtigsten Akteure für Bildungserfolg geblickt werden – nämlich auf die Lernenden, die Eltern und die Lehrpersonen. Bei allen wird sich zeigen, dass es bestimmte Faktoren gibt, die in den Mittelpunkt von Reformbewegungen zu stellen sind.

Lernende: aus der erlernten Passivität ausbrechen

Zunächst der Blick auf die Lernenden: Ohne Zweifel gab es Schülerinnen und Schüler, die während der Coronapandemie mit den veränderten Bedingungen, seien es die soziale Isolation oder das Homeschooling, besser umgehen konnten als andere. Während die einen also relativ unbeschadet durch die Krise gekommen sind, fielen die anderen ab. Woran lässt sich dieser Unterschied in der Krisenbewältigung festmachen, und was folgt daraus für zukünftige Bildungsprozesse, insbesondere zur Abwehr der drohenden Bildungskatastrophe?

Ein Blick auf das Homeschooling und die Voraussetzungen, die nötig sind, damit es aus Sicht von Schülerinnen und Schülern funktionieren kann, liefert eine interessante Perspektive. Zu schnell wird in diesem Zusammenhang die digitale Ausstattung genannt. Diese ist wichtig, weil ohne sie kein Homeschooling möglich ist. Aber sie legt nur den Grundstein. Was darauf aufbaut, ist entscheidend (vgl. Zierer, 2020c): Gerade im Homeschooling sind Tugenden wie Konzentration, Ausdauer und Engagement sowie das Selbstkonzept der Lernenden – das den Umgang des eigenen Lernens bestimmt – zentral. Schülerinnen und Schüler, die ihr Lernen organisieren konnten, selbstständig und selbsttätig agierten, ihre Zeit sinnvoll einteilen und rhythmisierten konnten, konzentriert, ausdauernd und engagiert bei der Sache waren, kamen besser mit dem Homeschooling zurecht als Lernende, die all das nicht konnten und taten. Das Problem bei diesen Faktoren ist: Generell sind sie durch die Lehrperson nur bedingt beeinflussbar

– und schon gar nicht auf die Schnelle, wenn über Nacht die Schulen geschlossen werden.

Immer wieder ziehen sie durch die Lande und gewinnen ihre Anhänger: Jene, die predigen, dass der Mensch ein selbstbestimmtes Wesen sei und deswegen jegliches pädagogisches Denken und Handeln ausschließlich vom Lernenden auszugehen habe. Lehrpersonen müssten Lernbegleiter und nicht Lehrer sein, sie müssten „guide on the side" und nicht „sage on the stage" sein. Vor allem die Diskussionen über Digitalisierung befeuern diese Positionen. Endlich habe der Mensch nun die Möglichkeit, in völliger Freiheit selbst zu bestimmen, wann er was mit wem wie und warum lernt. So euphorisch all das klingen mag, es verkennt die Realitäten des Lebens und läuft Gefahr, zur Utopie zu werden.

Ohne Zweifel ist es richtig, dass der Mensch als freies Wesen die Möglichkeit hat, sich von seinen Zwängen zu lösen und sich für etwas zu entscheiden. Verkannt aber wird immer wieder, dass Selbstbestimmung nur eine Gabe ist – und als solche ist sie eine lebenslange Aufgabe, die nicht von sich aus zum Vollzug kommt, sondern angeleitete Bildungsprozesse erfordert. Allein die Möglichkeit, sich selbst zu entscheiden, erzwingt nicht, dass man sich für das Richtige entscheidet. Jürgen Habermas (2019) spricht deswegen von der „vernünftigen Freiheit". Zwei Beispiele:

In Kindergärten und Grundschulen findet sich nicht selten der Gedanke, dass Kinder besser lernen, wenn sie selbst entscheiden können, wann sie lernen. Die Debatten gehen sogar so weit, dass überlegt wird, Lernenden völlig freizustellen, wann sie denn in den Unterricht kommen. Allein aus schulorganisatorischer Sicht ist das absurd, aber ebenso empirisch unhaltbar (vgl. Hattie et al., 2018). So beschreibt der Dumm-und-dümmer-Effekt, was in Lernarrangements völliger Freiheit passiert:

Leistungsschwächere Lernende überschätzen sich bei der Wahl ihrer Aufgaben häufig, wohingegen leistungsstärkere Lernende zur Unterschätzung neigen. Lernende sind also nur bedingt in der Lage, ihre eigene Leistungsfähigkeit treffsicher einzuschätzen, und bedürfen daher der Instruktion durch die Lehrperson.

Nun gilt der Effekt auch an Universitäten und Hochschulen, wo es insgesamt aber nicht besser aussieht: Studierende haben heute vielfach völlige Freiheit. Sie entscheiden, wann sie kommen und wann sie gehen. Anwesenheitslisten sind verpönt, meist sogar verboten. Und Prüfungen können häufig so oft geschrieben werden, bis die Prüfung bestanden ist oder die Note endlich passt.

All diese Blüten sind die Folge einer falsch verstandenen Selbstbestimmung, die bereits Platon in seiner Politeia kritisiert: Wenn der Vater sich vor dem Sohn fürchtet und der Sohn den Vater spielt, wenn die Lehrer Angst vor den Schülern haben und die Schüler Lehrern diktieren, was zu tun ist, wenn also Abhängige ebenso frei sind wie diejenigen, von denen sie abhängig sind, dann degeneriert Freiheit zu Beliebigkeit, weil keine Grenzen mehr gesetzt sind. Freiheit braucht aber Grenzen. Ist es im Fall des gesellschaftlichen Miteinanders die Würde des Menschen, die als universale Grenze fungiert, so ist es im pädagogischen Kontext die Verantwortung der älteren Generation gegenüber der jüngeren Generation.

Die bekannte Selbstbestimmungstheorie (vgl. Deci et al., 1993), wonach die Lernmotivation umso größer ist, je autonomer, sozial eingebundener und herausfordernder die Lernsituation ist, bestätigt dies. Denn sie zeigt, dass es genau diesen pädagogisch wirksamen Rahmen braucht, damit Lernen erfolgreich ist. Mit Immanuel Kants Worten gesprochen: Freiheit und Zwang sind grundlegende Pole der Pädagogik. Werden sie verkannt oder gar ignoriert, ist es das Ende der Pädagogik. Gelingt dieser Spagat nicht, so schwindet, wie der Bildungsforscher Lee Jenkins (2015) zeigt, die anfängliche Euphorie gegenüber dem Bildungssystem, und schnell sind nur noch Freunde der einzige Grund, dorthin zu gehen. Lernen oder gar Bildung sind es nicht – nicht mehr.

Weder Selbstbestimmung noch Fremdbestimmung dürfen überhöht und als Utopien begriffen werden. Dafür braucht es Lehrpersonen, die sich für Werte einsetzen und als Bildungsagenten agieren, mit dem Ziel, Schülerinnen und Schüler in allen Bildungsbereichen zu befähigen, eigene Entscheidungen sinnvoll zu treffen oder: Freiheit vernünftig zu nutzen.

Eltern: zu ihrer Rolle im Bildungsprozess ermutigen

Nun zum Elternhaus: Bei der Frage nach Bildungserfolg und Bildungsgerechtigkeit wird in öffentlichen Debatten schnell gefolgert, dass hierbei der sozioökonomische Status entscheidend sei. Familien mit großen ökonomischen, kulturellen und sozialen Kapitalien haben Vorteile, von denen ihre Kinder in besonderer Weise profitieren. Das ist der schon erwähnte Matthäus-Effekt. Aus empirischer Sicht ist dieses Ergebnis vielfach bestätigt worden, und gerade in Deutschland scheint der sozioökonomische Status in besonderer Art und Weise zu wirken. Bildung wäre dann etwas von vornherein Festgelegtes, worauf die Familie und auch der Einzelne keinen Einfluss mehr hätten. Dass dem nicht so ist, das beweisen immer wieder Bildungsaufsteigerinnen und Bildungsaufsteiger.

Angesichts der drohenden Bildungskatastrophe, die durch die Coronapandemie ausgelöst wurde und vor allem bildungsferne Milieus besonders stark getroffen hat, ist es wichtiger denn je, in erfolgreiche Elternhäuser zu blicken, um erkennen zu können, was diese auszeichnet und was infolgedessen bildungspolitisch zu tun ist. Vor diesem Hintergrund ist eine Studie von

Betty Hart und Todd R. Risley zu nennen. Im Jahr 2003 sorgte sie für Schlagzeilen, und bis heute wird sie unter der Zuspitzung „30 Million Words Gap" diskutiert. Was haben Betty Hart und Todd R. Risley erforscht?

Über zwei Jahre lang besuchten Betty Hart und Todd R. Risley 42 Familien, um zuhause die Interaktionen zwischen Kindern und ihren Eltern zu erforschen. Hierfür wurden die Familien einmal im Monat für eine Stunde begleitet und die Geschehnisse beobachtet, aufgezeichnet und analysiert – in Summe mehr als 1300 Stunden Datenmaterial. Die Kinder waren zu Beginn der Studie zwischen sieben und neun Monaten und am Ende drei Jahre alt. Um differenzierte Ergebnisse im Hinblick auf den sozioökonomischen Status des Elternhauses zu erhalten, wurden diese in ein oberes, ein mittleres und ein unteres Niveau sowie als Sozialhilfeempfänger eingeteilt. Die gewonnenen Erkenntnisse sind bemerkenswert: Betty Hart und Todd R. Risley resümieren, dass Kinder im Alter von drei Jahren bereits ihre Eltern kopieren – beim Reden, beim Gehen, beim Spielen und sogar beim Erziehen der Puppe. Im Detail kommen sie zu dem Ergebnis, dass es in den untersuchten Familien einen dramatischen Unterschied im Hinblick auf Interaktion und Dialog gibt und dieser in einem Zusammenhang mit dem sozioökonomischen Status steht. So unterscheiden sich Kinder im Alter von drei Jahren im Hinblick auf ihren Wortschatz deutlich: Kinder aus einem bildungsnahen Milieu verfügen über einen fast drei Mal so großen Wortschatz wie Kinder aus einem bildungsfernen Milieu. Dieser Unterschied schwindet in den darauffolgenden Schuljahren nicht. Insofern bleibt ein sogenannter Wash-Out-Effekt aus, wonach Schule und Unterricht diese Unterschiede ausgleichen würde. Ganz im Gegenteil: Die Unterschiede bleiben nicht nur bestehen, sie nehmen sogar weiter zu. Als einen Grund für diese Unterschiede in den sprachlichen Fähigkeiten identifizieren Betty Hart und Todd R. Risley das häusliche Anregungsniveau im Hinblick auf die sprachliche Auseinandersetzung mit den Kindern. Durch ihre Beobachtungen kommen sie zu folgender Rechnung: Kinder aus bildungsnahen Milieus hören bis zum Alter von drei Jahren ungefähr 45 Millionen Wörter, wohingegen Kinder aus bildungsfernen Milieus gerade mal 15 Millionen Wörter wahrnehmen. Das ergibt den pointierten „30 Million Words Gap".

Nun sind Quantitäten nicht gleich Qualitäten. Daher haben Betty Hart und Todd R. Risley ebenfalls untersucht, wie beispielsweise das Verhältnis zwischen sprachlicher Ermutigung und sprachlicher Entmutigung aussieht. Auch hier ein eindeutiges Ergebnis: Kinder aus bildungsnahen Milieus erhalten bis zu sieben Mal häufiger eine Ermutigung als eine Entmutigung, und Kinder aus bildungsfernen Milieus hören gut doppelt so oft eine Entmutigung als eine Ermutigung.

Die Schlussfolgerung von Betty Hart und Todd R. Risley ist eindeutig: Bis zum Alter von drei Jahren werden im Hinblick auf Bildung Weichen gestellt, die später kaum noch und wenn dann nur mit ungeheuer großem Aufwand wettzumachen sind. Die einzige Lösung sehen sie folgerichtig in der Stärkung der Familien und in der Kooperation mit Bildungseinrichtungen. Wie kann das konkret aussehen? Zu denken ist beispielsweise an Elterncafés, in denen Eltern andere Familien und Lehrpersonen kennenlernen können, Barrieren der Kontaktaufnahme abgebaut werden und Impulse gesetzt werden können, um den Eltern ihre Rolle im Bildungsprozess bewusst zu machen. Dazu gehören auf den ersten Blick so einfache Sachen wie täglich bei den Kindern nachzufragen, wie es ihnen geht, Interesse für die Schule zu zeigen, einen regelmäßigen Blick in die Hefte zu werfen und Kinder zu unterstützen, wenn sie Sorgen haben. Auf den zweiten Blick zeigt sich, dass in bildungsfernen Milieus diese Prinzipien erfolgreicher

Elternarbeit nicht gang und gäbe sind. Am besten funktionieren Elterncafés in Präsenz. Sind sie so aber nicht möglich, müssen alle Wege der Digitalisierung genutzt werden. Was nicht mehr geschehen darf, ist der Kontaktverlust zwischen Schule und Elternhaus. Dieser konnte während der Coronapandemie vielfach beobachtet werden: Elternabende wurden einfach abgesagt, Sprechstunden gab es auch nicht mehr. Selbst die dann implementierten Telefonzeiten von Lehrpersonen verfehlten häufig das Ziel. Warum? Weil bildungsferne Milieus nicht so einfach zum Hörer greifen, sondern darin ein Hindernis in der Kommunikation sehen. Gerade deswegen ist es nötig, dass Lehrpersonen proaktiv Elternarbeit gestalten. Von ihnen müssen die Impulse und die Kontakte ausgehen, wenn Bildungsgerechtigkeit erreicht werden soll.

Familien spielen also eine zentrale Rolle für den Bildungserfolg. Sie zu stärken ist nicht nur angesichts der Coronapandemie oberstes Gebot. In der Krise ist aber auf besondere Art und Weise deutlich geworden, was passiert, wenn der Kontakt zwischen Schule und Elternhaus abreißt und Lernende plötzlich verschwinden. Die negativen Folgen betreffen dann die Gesundheit von Kindern und Jugendlichen ebenso wie ihre Bildung.

Lehrende: Die Verengung auf die Fachkompetenz beenden und Haltung ins Zentrum rücken

Abschließend der Blick auf die Lehrpersonen: Wie können diese unterstützt werden? Zur Beantwortung dieser Frage lohnt einmal mehr eine Analyse der Coronapandemie. Denn es gibt sie in der Krise wie auch vor der Krise: die Schulen, die keine Lernenden verloren haben und alle erreichten, und die Lehrpersonen, die selbst unter widrigsten Umständen erfolgreich ihren Bildungs- und Erziehungsauftrag umsetzten. Was ist ihr Geheimnis?

Weder waren es allein die Strukturen noch die Methoden oder die Medien, die zum Einsatz kamen. Und auch die wichtige Fachkompetenz war nicht der allein wirksame Garant. Vielmehr bestätigen diese Schulen in der Krise, dass das Geheimnis des Erfolges von Lehrpersonen vor allem in der Art und Weise liegt, wie das Kollegium über Schule denkt. In der Forschung wird von kollektiver Wirksamkeitserwartung gesprochen. Was ist damit gemeint? Ein Beispiel soll zur Verdeutlichung dienen (vgl. Hattie et al., 2018):

Im Jahr 2015 sorgte eine mehrteilige Dokumentation über einen Schulentwicklungsprozess für Schlagzeilen: Das Kambrya College schickte sich an, von einer der schlechtesten Schulen Australiens zu einer der besten zu werden. 2002 in Brewick gegründet, knapp 50 Kilometer von Melbourne entfernt, zählt die Schule heute über 1000 Schülerinnen und Schüler, von denen über 25 Prozent einen Migrationshintergrund haben und insgesamt über 35 Nationalitäten repräsentieren. Wenn man so will: eine typische Schule im 21. Jahrhundert. Aufgrund schlechter Leistungen der Lernenden in nationalen Vergleichstests wurde die Schule 2008 zu einer sogenannten „red school" erklärt. Daraufhin machte sich das Schulleitungsteam um den Schulleiter Michael Muscat auf den Weg und knüpfte Kontakte, unter anderem zur Graduate School of Education der University of Melbourne. In diesem Austausch wurden zahlreiche Forschungsergebnisse aufgegriffen, um die Schule voranzubringen. Nach kurzer Zeit gelang es, die Schule zu reformieren und auf Erfolgsspur zu bringen. Nur ein Beispiel für eine besonders wirksame Maßnahme: Alle Lehrpersonen verständigten sich darauf, dass in jeder Unterrichtsstunde zu Beginn die Ziele sichtbar gemacht, den Lernenden alle Methoden und Medien erklärt und die Erfolgskriterien am Ende der Stunde nochmals erläutert werden. Allein dieser Konsens führte dazu, dass in der Schule wieder mehr über Unterricht gesprochen wurde und zudem ein echter Dialog mit den Lernenden Eingang in den Unterricht gefunden hat. Denn die drei beschriebenen Aspekte wurden auf entsprechenden Wortkarten notiert und zentral in den Klassenzimmern aufgehängt.

Gelingt es einer Schule also, eine gemeinsame Vision von Bildung zu entwickeln, Kriterien für Unterrichtsqualität zu bestimmen und als Richtschnur im Alltag zu nehmen, dann kann sie selbst in der Krise vieles bewirken. Dabei steht im Zentrum dieses Denkens nicht die Frage: Haben wir ausreichend Tablets? Es ist die pädagogische Frage schlechthin: Wer ist der Mensch? Wer aus pädagogischer Sicht erfolgreich durch die Krise kommen möchte und vor allem auch aus ihr lernen will, der muss Schulen Raum und Zeit geben, um für sich eine kollektive Wirksamkeitserwartung formulieren zu können. Dafür sind sicherlich Lehrerfort- und Lehrerweiterbildungen notwendig, die anders als bisher keine Eintagsfliegen sein dürfen, sondern längerfristig angesetzte Programme sein sollten, die auch nicht von Einzelpersonen besucht werden, sondern das ganze Kollegium ansprechen, Fehler ins Zentrum des Austausches über Schule und Unterricht setzten und schließlich vom Einzelkämpfer zum Teamspieler führen. Damit ist nicht gemeint, dass alle von nun an dasselbe tun müssen. Vielmehr ist entscheidend, dass gemeinsam an einer Vision von Bildung und Schule gearbeitet wird. Wenn Lehrpersonen im Lauf ihres Lebens durchschnittlich 35 000 Schulstunden unterrichten und keine dieser Stunden perfekt ist, dann ist es höchste Zeit, dieses Fehlerpotenzial im Sinn einer Professionalisierungsoffensive im Team zu nutzen.

Die Rolle der Schulleitung wird in diesem Zusammenhang sichtbar – höchste Zeit also, dass deren Ausbildung endlich eine systematische und wissenschaftliche Fundierung erhält. Denn es ist die Aufgabe der Schulleitung, ein kooperatives Klima im Kollegium zu entwickeln, Regeln und Rituale der Zusammenarbeit zu implementieren und entsprechende Rahmenbedingungen zur Verfügung zu stellen.

Was folgt daraus für eine Lehrerbildung der Zukunft? Angesichts des Lehrermangels ist sicherlich zunächst begrüßenswert, dass mehr Menschen auf Lehramt studieren. Aber die Qualität darf dabei nicht vergessen werden. Wenn beispielsweise in Bayern auf eine Schulpädagogikprofessur mehrere Tausend Studierende fallen, dann ist das eine inakzeptable Ausgangssituation. Nur zum Vergleich: Im Zug der Digitalisierungsoffensive werden in Bayern 1000 Professuren für 10 000 Studierende geschaffen – eine Relation von 1 : 10! Ein Traum für Forschung und Lehre. Die Schulpädagogik ist davon meilenweit entfernt. Was ist das für ein Signal an die Lehrerschaft? Ein Blick nach Frankreich lässt einen neidisch werden: Das Staatsoberhaupt hat 2020 nach dem Mord an einem Lehrer in einer Rede an der Sorbonne die Bedeutsamkeit der Lehrerschaft für die Demokratie sichtbar gemacht. Pars pro toto ein Zitat von Emmanuel Macron: „Wir alle tragen in unseren Herzen und in unseren Erinnerungen das Bild eines Lehrers, der den Verlauf unseres Lebens verändert hat."

Mit diesem Zitat ist die ganze Bedeutung der Lehrerprofessionalität und damit der Lehrerbildung auf den Punkt gebracht. Mehr denn je brauchen wir Lehrpersonen, die nicht nur ein Fach unterrichten, sondern Menschen, die sich nicht damit begnügen, Wissen zu vermitteln oder gar Kompetenzen zu erzeugen. Denn das ist nicht der Kern von Bildung. Bildung meint nicht das, was man aus mir gemacht hat, sondern das, was ich aus meinem Leben gemacht habe. Wir brauchen Lehrpersonen, die hinter dem stehen, was sie vermitteln, die sich bekennen zur Demokratie und vor allem zur Humanität, die junge Menschen nicht zum Nachbeten bringen, sondern zum Nachdenken. Wir brauchen Lehrpersonen, die nicht nur ein hohes Maß an fachlicher, pädagogischer und didaktischer Kompetenz haben, sondern auch ein hohes Maß an Herzens- und Charakterbildung. Ohne all das wird es uns nicht gelingen, die gegenwärtigen Herausforderungen zu meistern – ob das der Klimawandel, die Coronakrise oder die immer wieder aufkommende Flüchtlingsfrage ist. Denn diese Herausforderungen haben im Zentrum einen moralischen Kern.

Nicht alles neu, aber deswegen nicht veraltet ist mit Blick auf die Lehrerbildung das, was für das Gesagte notwendig wäre. Ich formuliere vier Thesen (vgl. Zierer, 2021e):

Erstens: Strukturen schaffen, um Menschen stärken zu können. Es sind vernünftige Rahmenbedingungen nötig, in denen Austausch, Kooperation und Reflexion möglich sind. Bei einer Massenveranstaltung mit über 1300 Studierenden, wie es schulpädagogische Vorlesungen häufig sind, kann man schon Wissen weitergeben – mithilfe digitaler Medien kann man das sogar für mehrere Tausend. Aber wenn es um Professionalisierung geht, dann sprengt diese Masse die Grenzen des pädagogisch Machbaren. Folglich muss der erziehungswissenschaftliche Bereich in der Lehrerbildung ausgebaut werden und mehr personelle Ressourcen erhalten. Im Rahmen dieses Ausbaus ist auch das Verhältnis zwischen Theorie und Praxis zu diskutieren. Es darf nicht, wie häufig geschehen, um ein einfaches Mehr an Praxis gehen. Aus Forschungen wissen wir: Studierende können monatelang ein Praktikum machen. Wenn dieses nicht in einem angemessenen Rahmen reflektiert wird, ist der Lernerfolg gleich null – bestenfalls, weil er auch negativ sein kann. Es geht also um eine stärkere Verzahnung von Theorie und Praxis. Theorie ohne Praxis ist leer, ebenso wie Praxis ohne Theorie. So stellt sich die Frage, ob eine Lehrerbildung, in der es drei isolierte Phasen gibt, zeitgemäß ist und jemals zeitgemäß war: In der ersten Phase, also im universitären Studium, dominiert die Theorie, während die

Praxis zu kurz kommt. In der zweiten Phase, also im Referendariat, kehren sich die Vorzeichen um: Es dominiert die Praxis und die Theorie wird mit Worten abgetan: „Jetzt vergessen Sie mal alles, was Sie an der Universität gelernt haben." In der dritten Phase, also nach der Festanstellung, wird es dann vielfach autodidaktisch: Jeder und jede macht, was er oder sie will, nicht wenige machen nichts. Unter diesem Blickwinkel zeigt sich die bestehende Lehrerbildung als notleidende Institution, die gründlich reformiert werden muss. Eine stimmige Verzahnung und ein Zusammenwirken von Theorie und Praxis sind zwei zentrale Forderungen.

Zweitens: Wichtig ist eine Fokussierung auf die Lehrperson. Lehrpersonen sind Bildungsagenten. Ihre Aufgabe ist nicht, bloßes Wissen zu vermitteln. Ebenso ist ihre Aufgabe nicht, nur der Begleiter für Lernprozesse zu sein. Es geht um Bildung und damit um den Menschen mit seinen Möglichkeiten, aber auch seinen Grenzen. Dieses Bewusstsein zu wecken, ist zentrale Aufgabe einer zukünftigen Lehrerbildung.

Dafür reicht es nicht aus, Lehrpersonen viel Fachkompetenz zu vermitteln. Ebenso braucht es ein hohes Maß an pädagogischer und didaktischer Kompetenz. Und als Basis für alle drei zusammen ist eine professionelle Haltung nötig, die sich als roter Faden durch die einzelnen Phasen der Lehrerbildung ziehen muss. Der Lehrerberuf ist nicht nur Beruf, er ist auch Berufung. Da geht es immer um normative Fragen, um Werte, um ethische Entscheidungen. Gefordert sind nicht nur Wissen und Können, sondern auch Herz und Charakter – dies gilt für die Lernenden, aber auch und vor allem für die Lehrpersonen. Der größte Effekt, den Lehrpersonen nachweislich auf ihre Schülerinnen und Schüler haben, resultiert nicht daraus, dass sie ein bestimmtes Fach unterrichten und darin besonders kompetent sind oder dass sie besonders gut mit neuen Medien umgehen können oder besonders humorvoll sind. Der größte Effekt entsteht, wenn sie Schülerinnen und Schüler als Menschen wahrnehmen und damit als jemand auftreten, der an Lernende glaubt, ihnen hilft und zur Seite steht, auch wenn es schwierig wird. Grundlage dafür ist ein klares Verständnis von Bildung, eine Vision davon, wie unsere Welt nicht nur heute, sondern auch morgen aussehen soll. Ohne diese Wertedebatte ist keine Bildung möglich – und sie muss ins Zentrum der Lehrerbildung gerückt werden. Wenn an Universitäten weiterhin das Maß aller Dinge die Höhe der Drittmittel und Zitationsindizes sind, wird der universitäre Auftrag der Lehrerbildung nicht umgesetzt.

Drittens: Teamspieler statt Einzelkämpfer. Lehrerbildung war lange, und ist bis heute, vielfach ein Einzelkämpfertum. Junge Lehrerinnen und Lehrer werden schon früh dahingehend sozialisiert, allein vor der Klasse zu stehen und alle damit verbundenen Herausforderungen selbst zu lösen. Die klassischen Lehrproben absolviert man allein – und so werden jedes Jahr Tausende von Prüfungsstunden immer wieder neu erfunden. Globalen Herausforderungen wird man mit diesem Berufsverständnis nicht gerecht: Gesellschaftliche Entwicklungen heute sind im Vergleich zu früheren Jahren nicht nur komplexer geworden, sondern auch schneller. Mehr denn je ist Teamgeist gefordert.

Vor diesem Hintergrund passt es ins Bild, was zahlreiche Studien zur Lehrerprofessionalität belegen. Diese entwickelt sich am besten in einer Kooperationskultur, in der Fehler willkommen sind und in der gemeinsam an ihnen gearbeitet wird. Lehrerbildung muss zukünftig stärker als bisher diesen Teamgedanken fordern und fördern. Bereits an Universitäten müssen Lehr- und Prüfungskonzepte implementiert werden, die diese Kooperation anbahnen. In der Schule sind ebenso Prüfungsformate zu ergänzen, in denen es nicht nur um die Einzelleistung geht, sondern auch um das Miteinander, nicht nur um die fehlerfreien Stunden, sondern auch um den Umgang mit Fehlern in den Stunden – es gibt keine Unterrichtsstunde, in der alles perfekt läuft. Und schließlich braucht der Lehrerberuf als lebenslanges Lernen stets eine Haltung, die von Austausch und Kooperation geprägt ist.

Viertens: Evidenz statt Moden. Kaum ein gesellschaftliches Feld unterliegt so vielen Moden und leider auch Mythen wie die Schule. Waren es gestern architektonische Spielereien, sind es heute digitale Medien, mit denen Bildungsrevolutionen versprochen werden. In den allermeisten Fällen müssen wir aber erkennen, dass es diese Revolutionen nicht gibt. Empirische Studien liefern Evidenz dafür, dass gewisse Grundprinzipien des Lernens und Lehrens überdauern: Lernen braucht eine positive Lehrer-Schüler-Beziehung, eine gute Fehlerkultur, Ziele, die nicht zu leicht, aber auch nicht zu schwer zu erreichen sind, Phasen der Übung und Vertiefung sowie Einsatz und Anstrengung bei allen Bildungswegen, die nicht immer geradlinig verlaufen, sondern sich immer wieder als Umwege und Irrwege zeigen.

Ohne diese Grundprinzipien werden jegliche Innovationen im Bildungsbereich schnell zu Eintagsfliegen – und mit ihnen stirbt dann auch so manches Potenzial. Wer heutzutage beispielsweise der Auffassung ist, dass sich Klassenführung allein im virtuellen Raum trainieren lässt, der mag zwar mit der Zeit gehen, er hat aber dennoch die Grundprinzipien des Lernens und Lehrens nicht verstanden. Denn Forschungen zeigen: Der Mensch braucht den Menschen – auch in der Lehrerbildung.

Angesichts all dieser Überlegungen sind mehr denn je Lehrpersonen gefragt, die hinter ihrem Bildungs- und Erziehungsauftrag stehen. Mehr denn je braucht es eine Fokussierung auf die Menschen, statt immerzu ökonomische Interessen in den Vordergrund von Bildung zu stellen. Auf diesem Weg ist es möglich, eine drohende Bildungskatastrophe abzuwenden und in Zukunft für mehr Bildungsgerechtigkeit zu sorgen.

Unterricht professionalisieren

Vielleicht war es eine der positivsten Begleiterscheinungen der Coronapandemie, dass in einer noch nie dagewesenen Art und Weise wieder über guten Unterricht nachgedacht worden ist. Denn Schulschließungen, Unterricht unter Hygieneauflagen, Homeschooling oder auch Lernen im Wechsel war für alle Beteiligten Neuland, und so mussten sich alle auf den Weg machen. Dieser Schwung ist mitzunehmen, um die drohende Bildungskatastrophe abwenden zu können. Denn bei aller Bedeutung von Strukturmaßnahmen: Erst die Qualität in den Strukturen entscheidet darüber, ob erfolgreich gelernt wird.

Zur Wahrheit gehört an dieser Stelle auch, dass man sich vor der skizzierten Herausforderung drücken konnte. Einige Lehrerinnen und Lehrer waren im ersten Lockdown untergetaucht. Im zweiten Lockdown war dieses Untertauchen nicht mehr möglich, weil Regelungen eingeführt worden sind und auch die technischen Voraussetzungen gegeben waren. Allein das war aber noch kein Garant für guten Unterricht. So mussten viele Kinder und Jugendliche mehrere Stunden am Tag vor den Bildschirmen verharren und endlose Monologe über sich ergehen lassen. In den Klassenzimmern führten die AHA-Regeln nicht selten dazu, dass viel Unterrichtszeit den Hygienemaßnahmen zum Opfer fiel und der Unterricht selbst zum schlechtesten Frontalunterricht aller Zeiten verkommen war.

Ganz anders agierten Lehrpersonen, die die vorgesehenen Szenarien des Unterrichts von Anfang an pädagogisch durchdachten. Sie waren es, die erfolgreich unterrichteten und keine Schülerinnen und Schüler verloren haben. Immer war für sie die Frage leitend: Was ist unter den gegebenen Umständen guter Unterricht und was kann ich als Lehrperson tun, damit alle Schülerinnen und Schüler den bestmöglichen Lernerfolg erzielen können? Die empirische Bildungsforschung hat hierauf Antworten formuliert, die leider noch nicht umfassend in die Praxis des Schulalltages übernommen worden sind. Hinzu kommt, dass es die Bildungspolitik nicht geschafft hat, in der Coronapandemie bis zum heutigen Tag einen pädagogischen Masterplan vorzulegen. Ähnlich wie auf wissenschaftliche Erkenntnisse bei der Bekämpfung der Coronapandemie gehört wurde ist es höchste Zeit, dass auch im Bildungssystem Mythen und Moden von Wahrheiten und Erkenntnissen getrennt werden.

Unterrichtsqualität sicherstellen

Die Frage, wie sich Unterrichtsqualität in wenigen Worten fassen lässt, beschäftigt seit jeher die empirische Bildungsforschung und wird in eine Reihe von Modellen zur Messung der Unterrichtsqualität überführt (vgl. Brophy, 1999; Meyer, 2004; MET, 2010; Helmke, 2014). So unterschiedlich diese Modelle auf den ersten Blick erscheinen, es ist dennoch festzustellen: Größer als die Differenzen sind die Übereinstimmungen. Das beruhigt und ist für Lehrpersonen wichtig, weil der Schluss daraus lautet: Es ist nicht entscheidend, welchem Modell der Unterrichtsqualität letztlich gefolgt wird. Wichtiger ist, dass in der Unterrichtspraxis Evidenz die Grundlage für Entscheidungen ist. Denn damit ist sichergestellt, dass empirische Ergebnisse die Rahmung für Erziehung und Unterricht liefern.

Wenn nachstehend die sogenannten 7 C vorgestellt werden (vgl. MET, 2010), dann mit der Absicht, für die Zukunft ein tragfähiges Modell für Unterrichtsqualität in die Diskussion zu bringen. Dieses kann für jedes Szenario in der Coronapandemie – ob Präsenzunterricht mit Hygieneauflagen, Homeschooling oder Wechselunterricht – hilfreich sein, aber auch danach. Und es liefert die Grundlage dafür, dass Unterricht das Ziel erreichen kann, Bildungsungleichheiten abzubauen und mehr Bildungsgerechtigkeit zu ermöglichen:

1. *Care (Fürsorge)*: Lernen braucht eine Atmosphäre des Vertrauens und Zutrauens. Ohne positive Beziehungen zwischen den Lernenden und der Lehrperson, aber auch zwischen den Lernenden untereinander bleiben viele Bemühungen wirkungslos.

2. *Control (Klassenführung)*: Forschungen zum Lernerfolg bestätigen immer wieder, wie wichtig der Faktor Klassenführung ist. Er ist der Garant dafür, dass Lernen reibungslos und mit Schwung, ohne Ablenkungen und in sozialer Interaktion abläuft.

3. *Challenge (Herausforderung)*: Lernen darf weder zu leicht noch zu schwer sein. Führt das eine zu einer Unterforderung, so ist Überforderung die Folge des anderen. Beide Fälle verringern den Lernerfolg maßgeblich. Stattdessen kommt es auf die Herausforderung beim Lernen an. Diese wird vor allem dadurch erreicht, dass die zu bearbeitenden Aufgaben für Lernende gerade noch bewältigbar sind.

4. *Clarify (Klarheit)*: Je klarer den Lernenden die Ziele sind, die sie erreichen sollen, und je klarer den Lernenden vor Augen geführt wird, wie Lernerfolg aussehen soll, desto erfolgreicher können sie lernen.

5. *Confer (Mitwirkung)*: Lernen ist ein sozialer Prozess. Selbst in Phasen des Alleinlernens ist man nur auf den ersten Blick allein. Ein zweiter Blick zeigt nämlich, dass das Video, das Buch, das Arbeitsblatt u. v. a. m. das Werk eines Gegenübers ist und insofern einen sozialen Charakter aufweist. Damit aber nicht genug: Solange es in der Schule um Bildung geht, spielen soziale Interaktionen die entscheidende Rolle. Denn erst im Austausch miteinander hinterfragt man sich, überdenkt seine Werte und Normen, wendet das erworbene Wissen im Lebensalltag an und entwickelt seine Persönlichkeit damit weiter.

6. *Captivate (Movitation)*: Lernen ist ohne Motivation nicht möglich. Aus Forschungen ist bekannt, dass es unterschiedliche Formen der Motivation gibt: Auf der einen Seite besteht eine extrinsische Motivation, die durchaus wirksam, aber auch sehr kurzanhaltend ist. Schülerinnen und Schüler lernen in diesen Situationen nicht, weil sie an der Sache interessiert sind, sondern weil sie von außen ein Motiv angeboten bekommen. Häufig sind es sogar die Peers, also die Gleichaltrigen, die Lernende motivieren. Auf der anderen Seite gibt es eine intrinsische Motivation, die ebenso wirksam ist, aber den Vorteil hat, dass sie nachhaltig wirkt. Schülerinnen und Schüler lernen in diesen Situationen also vor allem deswegen, weil sie an der Sache interessiert sind.

7. *Consolidate (Sicherung)*: Festzustellen, ob Lernende die Ziele erreicht haben, ist aus didaktischer Sicht unabdingbar. Nicht nur Lehrpersonen brauchen diese Information, um den nächsten Unterricht planen zu können, auch für Lernende ist es wichtig zu erkennen, was sie geleistet haben und woran sie als Nächstes arbeiten müssen.

Ein didaktischer Ansatz, der das Gesagte in besonderer Art und Weise umzusetzen vermag und gerade vor dem Hintergrund einer drohenden Bildungskatastrophe wichtig ist, sind sogenannte Lernpfade. Diese meinen im Kern, dass basierend auf einer intelligenten Diagnose den Lernenden je nach Leistungsstand eine Folge an Aufgaben präsentiert wird, die nicht zu leicht und nicht zu schwer ist, sondern sich immer im Bereich der Herausforderung bewegt. In jedem Fach können beispielsweise zu jedem Lernziel drei Leistungsniveaus definiert werden: unteres, mittleres und höheres Leistungsniveau. Auf jedem dieser Leistungsniveaus lässt sich sodann eine Folge an mehreren Aufgaben formulieren, die sukzessive aufeinander aufbauen und damit den Übergang von einem Leistungsniveau in das nächste verdeutlichen. Ein Lernpfad zeigt nun dem Lernenden, auf welchem Leistungsniveau er sich befindet und welche Aufgaben er als Nächstes bearbeiten muss, um einen Schritt vorwärtszukommen.

Voraussetzung für das Weitergehen in der Aufgabenfolge ist das erfolgreiche Erledigen der vorausgehenden Aufgaben. Passieren zu viele Fehler, müssen weitere Übungsschritte erfolgen und unter Umständen auch weitere Hilfen durch Erklärungen von Tutoren, Lehrpersonen oder auf digitalem Weg angeboten werden. Ein Lernpfad ist damit kein starres Raster, sondern passt sich dem Lernfortschritt der Schülerinnen und Schüler an. Durch eine Integration digitaler Medien, insbesondere in den zentralen Phasen der Diagnose, Implementation und Evaluation ist ein zielgerichtetes und transparentes Vorgehen im Lernprozess möglich. Lernende wissen stets um die nächsten Schritte, Eltern können mitverfolgen, wo Stärken und Schwächen sind, und Lehrpersonen haben Zeit für die wichtigsten Prozesse beim Lernen: Beziehungsarbeit leisten, Feedback geben und einholen, Impulse setzen sowie Fehler als Gesprächsanlass nehmen. Somit zeigt sich, dass Lernpfade alle genannten Kriterien eines erfolgreichen Unterrichts umsetzen: Durch das Berücksichtigen der Lernvoraussetzungen und Zeitfenster für den Austausch helfen sie, eine Atmosphäre des Vertrauens und Zutrauens aufzubauen (Care). Eine klare Abfolge der Aufgaben gibt Orientierung und Sicherheit (Control). Da die Aufgaben im Lernpfad immer in Abhängigkeit vom Leistungsniveau gegeben werden, ist Herausforderung gewährleistet (Challenge). Des Weiteren macht der Lernpfad in der Darstellung von Leistungsniveaus und dazugehörigen Lernaufgaben den Schülerinnen und Schülern eine Aufgabenfolge und damit auch den Lernerfolg sichtbar (Clarify). So kann sich Lernmotivation einstellen, weil erstens immer im Bereich der Herausforderung und zweitens immer mit Blick auf ein Ziel gearbeitet wird (Captivate). Durch das bewusste Geben und Einholen von Rückmeldungen erhalten die Lernenden nicht nur

Hinweise, wie sie im Lernprozess vorankommen (Consolidate), sie erhalten auch die Möglichkeit, ihren Lernprozess mitzugestalten (Confer).

Angesichts der Möglichkeiten und der empirisch nachgewiesenen Wirksamkeit von Lernpfaden, beispielsweise im Rahmen des Ansatzes „Response to Intervention" (vgl. Hattie et al., 2018), ist es verwunderlich, dass diese noch nicht Teil des Schulsystems sind. Gerade digitale Medien bieten vielfältige Möglichkeiten, solche Lernpfade effektiv und für viele Lernende gleichzeitig anzubieten, so dass sie auch jenseits der Coronapandemie ein wichtiges Element darstellen, um individuelle Förderung in den Schulalltag zu bringen. In der Herausforderung der Bewältigung der Krise stellen sie aber das Mittel der Wahl dar – und insofern ist die bereits angesprochene eine Milliarde Euro des Bundes für ein Nachhilfeprogramm eine Möglichkeit, einen didaktischen Ansatz, der schon längst überfällig ist, in der Fläche zu implementieren.

Digitalisierung pädagogisch machen

Das Beispiel der Lernpfade hat deutlich gemacht, dass die Digitalisierung im Bildungsbereich viel Potenzial hat – gerade wenn es um individuelle Förderung und damit um mehr Bildungsgerechtigkeit geht. Ohne Zweifel haben die Maßnahmen zur Eindämmung der Coronapandemie im schulischen Kontext zu einem Digitalisierungsschub geführt. Aus verschiedenen Gründen ist dies zunächst positiv zu bewerten. Der naheliegendste Grund ist sicherlich: Ohne digitale Medien wäre gar keine Beschulung im Lockdown möglich gewesen. Sodann ist gut an diesem Digitalisierungsschub, dass Deutschland endlich bei der Ausstattung der Schulen mit digitalen Medien im internationalen Vergleich aufgeholt (vgl. Eikelmann et al., 2019). Auch wenn Ländervergleiche immer verkürzend sind, so steht außer Frage, dass die Lebenswelt von Kindern, Jugendlichen und Erwachsenen von digitalen Medien geprägt ist – und in Zukunft noch mehr geprägt sein wird als heute. Insofern ist es aus pädagogischer Sicht nicht sinnvoll, darüber zu diskutieren, ob digitale Medien in der Schule behandelt werden sollen oder nicht. Schule muss sich der Herausforderung stellen, die eine Digitalisierung der Gesellschaft mit sich bringt. Des Weiteren ist gut an diesem Digitalisierungsschub, dass damit lange mögliche Ausreden vom Tisch sind. Keiner kann heute mehr sagen, dass er gerne digitale Medien im Unterricht einsetzen würde, aber die Ausstattung sei einfach noch nicht da. Sowohl das Geld als auch die Hard- und Software sind mittlerweile in so einer Vielfalt vorhanden, dass die Möglichkeiten von Tag zu Tag mehr werden. Damit ergibt sich aber die eigentliche Herausforderung einer Digitalisierung, die durch die Geschwindigkeit der Entscheidungen aufgrund der Coronapandemie aber vielfach unter den Tisch gefallen ist: Technik ist weder Heilsbringer noch Teufelszeug, weder nur gut für den Menschen noch nur schlecht für ihn.

Die Folge daraus war und ist bis heute eine Teilung des Diskurses in zwei Lager (vgl. zum Folgenden Nida-Rümelin et al., 2020): auf der einen Seite diejenigen, die mit dem Einzug von Tablets, Laptops und anderen technischen Geräten den Untergang abendländischer Bildungstraditionen befürchten, und auf der anderen Seite jene, die die Gelegenheit kommen sehen, in Zeiten digitaler Transformation alles über Bord zu werfen, was in Jahrhunderten an pädagogischem Wissen gewachsen ist. Die Apokalyptiker digitaler Medien werden bezichtigt, Abwehrreflexe zu kultivieren und sich den neuen Lernwelten zu verweigern, während umgekehrt die Euphoriker einer weitreichenden digitalen Transformation des Bildungsalltags als Propandisten einer immer weiter voranschreitenden Ökonomisierung der allgemeinen Bildung karikiert werden.

Um diese Zukunftsaufgabe skizzieren zu können, ist die Unterscheidung von zwei Perspektiven notwendig, die seit Jahren in der Debatte um eine Digitalisierung des Bildungsbereiches ignoriert wird:

Erstens die *Perspektive der Bildung* und die damit verbundene Frage: „Welche Folgen hat Digitalisierung für die Bildung?": In einem humanistischen Verständnis zeigt sich Bildung darin, was ich aus meinem Leben gemacht habe, und nicht darin, was man aus mir gemacht hat. Damit steht im Zentrum von Bildung immer der Mensch mit all seinen Möglichkeiten. Der Mensch als Autor seines Lebens wird zum Kristallisationspunkt von Bildung. Mit der digitalen Transformation ändern sich die Formen und Strukturen der Kommunikation und Interaktion, der Information und Entscheidung. Die Verfügbarkeit von Daten wächst exponentiell, während ihre wissenschaftlich-theoretische, aber auch lebensweltliche Interpretation, Einordnung und Bewertung sich nur graduell ändern. Eine Digitalisierung im Bildungsbereich muss also vor allem darauf gerichtet sein, diesem Auseinanderdriften von exponentiell wachsenden Datenbeständen einerseits und kognitiver Überforderung andererseits entgegenzuwirken. Das alte – humanistische – Bildungsideal der Urteilskraft ist daher zentrales Ziel von Bildung. Diese muss darauf gerichtet sein, die Parzellierung von Wissensbeständen im schulischen Unterricht zu überwinden, Zusammenhänge deutlich zu machen und die Kritikfähigkeit zu fördern. Notwendig dafür sind Räume der Reflexion und Distanz, die ohne eine Lehrplanreform nicht zur Verfügung gestellt werden können.

Angesichts einer Generation von jungen Menschen, die mit digitalen Endgeräten aufwachsen und in ihrer Nutzung ein hohes Maß an Geschicklichkeit entwickeln, kann es nicht das Ziel von Schule sein, die täglichen Zeiten vor Displays, die ohnehin schon an der Grenze des pädagogisch Zuträglichen liegen, zu verdoppeln oder zu verdreifachen. Junge Menschen können die Endgeräte bedienen – sie verstehen sich auf die digitale Technologie. Was sie nicht verstehen, sind die schleichenden Prozesse, die ein unreflektierter Medienkonsum in Gang setzt. So belegt eine Vielzahl an Forschungen, dass die Zeit der Internetnutzung in einem direkten, negativen Zusammenhang zur kognitiven Leistungsfähigkeit steht – dabei besonders benachteiligt sind Kinder und Jugendliche aus bildungsfernen Milieus. Auch zeigen Studien, dass aus einem ausgiebigen und gekonnten Umgang mit der Technik nicht ein vertieftes Verständnis von Software-Architekturen und Algorithmen resultiert. Dafür sind wenigstens rudimentäre Kenntnisse einer Programmiersprache, der Kommunikationsmechanismen in den sozialen Medien und der Potenziale digitaler Innovation in Technik und Ökonomie nötig. Wesentliches Ziel einer Digitalisierung im Bildungsbereich muss es sein, Kinder und Jugendliche mit diesen Mechanismen vertraut zu machen und sie gegenüber dem Trend zur Ideologisierung, zur weltanschaulichen Vereinheitlichung, zur Abschottung widerstreitender Auffassungen immun zu machen. Anders formuliert: sie zu eigenständigen Akteuren in den digitalen Kommunikations- und Interaktionswelten zu ermächtigen. Dies ist gerade vor dem Hintergrund von Bildungsungleichheiten wichtig, da sie Manipulationen, Abhängigkeiten und Radikalisierungen Tür und Tor öffnen.

Zweitens die *Perspektive des Unterrichts* und die damit verbundene Frage „Wie kann der Einsatz digitaler Medien Lernprozesse optimieren?": Ein Blick auf die Ergebnisse der empirischen Bildungsforschung zeigt (vgl. Zierer, 2019), dass digitale Medien auf den Lernerfolg nur mäßige Effekte haben. Die Kernbotschaft ist damit eindeutig: Digitalisierung ist kein Selbstzweck. Vielmehr brauchen wir eine evidenzbasierte Didaktik, die sichtbar macht, wo Möglichkeiten und Grenzen von digitalen Medien liegen. Digitalisierung im Bildungsbereich darf nicht zu einer Entmachtung der Lehrperson führen, weil nach allen empirischen Studien nicht das Alter der Lernenden, nicht das Fach, nicht ein bestimmtes Medium, sondern das personale Band zwischen Lehrperson und Lernenden von zentraler Bedeutung für den Lernerfolg und schließlich auch für den Bildungserfolg ist. Ob es der Laptop oder das Tablet sind, die Lernende nutzen, die Bildschirmpräsentationen, die Lehrpersonen einsetzen, oder ob es selbst so umfangreiche didaktische Ansätze wie das Flipped Classroom sind, in dem durch die Verlagerung des Inputs in die Vorbereitungsphase mehr Zeit für die Kommunikation im Unterricht entsteht, – immer weist die Empirie darauf hin: Es sind die Menschen, die die Technik zum Leben erwecken, indem sie digitale Medien sinnvoll, also pädagogisch reflektiert und didaktisch gekonnt in den Unterricht integrieren. Diese Erkenntnisse der empirischen Bildungsforschung werden von Industriezweigen systematisch ausgeblendet, weil alles, was technisch möglich ist, realisiert wird. Unter dem Stichwort „Learning Analytics" findet sich denn auch eine Reihe von Innovationen, die auf den ersten Blick interessant wirken, auf den zweiten Blick aber zutage befördern, dass Menschen durch Maschinen ersetzt und im Weiteren sogar Menschen wie Maschinen behandelt werden sollen.

Auch wenn in manchen Fällen des Lernens ein kalter Rechner wirksamer sein kann als ein unfähiger Pädagoge: Wenn es nicht nur um Lernen geht, sondern um Bildung, dann braucht der Mensch den Menschen. So führen manche digitale Tools im Schulalltag zur Vereinzelung und zum Rückzug, eine Tendenz, die exzessive Nutzung von sozialen Medien und Gaming ohnehin schon aufweisen, mit zum Teil hochproblematischen kulturellen und sozialen Folgen – gerade weil sie Kinder und Jugendliche aus bildungsfernen Milieus stärker treffen. Das Summit Learning Project, das von Mark Zuckerberg und seiner Frau, einer Kinderärztin, Priscilla Chan in fast 400 Schulen in den USA umgesetzt wird, ist ein beachtenswertes Beispiel in diesem Zusammenhang (vgl. Nida-Rümelin et al., 2020). Im Zentrum steht eine personalisierte Lernplattform, die das individuelle Lernen und somit gezielte Förderung ermöglichen soll. Auf der Lernplattform werden Prüfungsfragen, Lernziele und Aufgaben an den einzelnen Schüler angepasst. Die Lehrperson wird so zum Mentor, der die jeweils getrennt voneinander lernenden Schülerinnen und Schüler begleitet. Es zeigte sich jedoch, dass bereits mehrere Schulen das Summit-Programm wieder verließen, da sich Eltern und ihre Kinder über die stundenlange Bildschirmarbeit beklagten. Den Lernenden mangelte es an Interaktion und direkter Kommunikation, sie fühlten sich isoliert. Hinzu kamen körperliche Beeinträchtigungen, wie Handbeschwerden aufgrund der stundenlangen Tätigkeit am Computer. Ebenso wurden die mangelhaften Internetseiten, die als Informationsquellen herangezogen wurden, stark kritisiert – der Inhalt sei ohne Lehrperson nicht gut zugänglich, oft schlecht versprachlicht, mit Werbelinks und Bannern versehen und häufig auf einem niedrigen Niveau.

Solche Erfahrungen darf man nicht als Propaganda der Ewiggestrigen abtun, sondern sollte sie ernst nehmen. Sie zeigen nämlich, dass eine unbedachte Form der Digitalisierung im Bildungsbereich das Gegenteil des Beabsichtigten erreicht. Keine Stärkung, sondern eine Schwächung der Kinder und Jugendlichen, einen Verlust der Lehrer-Schüler-Beziehung – ein weiterer Beitrag zu sozialer Isolation und digitaler Abhängigkeit. In Zeiten einer Digitalisierung der Gesellschaft ist somit wichtiger denn je, die Professionalisierung von Lehrpersonen voranzutreiben. Sie müssen die Urteilskraft haben, um entscheiden zu können, welches Medium sie für welche Schülerinnen und Schüler wann, wie und vor allem warum einsetzen.

An der Grammatik des Lernens, die sich mit der Entwicklung des Homo sapiens herausgebildet hat, soll das Gesagte exemplarisch an fünf Grundsätzen verdeutlicht werden. Diese Grammatik des Lernens gilt, unabhängig davon, ob mit analogen oder digitalen Medien gelernt wird. Sie muss daher gleichsam als Leitmotiv für eine Digitalisierung des Unterrichts gesehen werden (vgl. Zierer, 2019):

Erstens erfordert Lernen Anstrengung und Einsatz: Immer wieder wird die These vertreten, dass sich Lernen durch Digitalisierung völlig verändert. An einer zentralen Grammatik des Lernens lässt sie sich widerlegen, was mithilfe der Vergessenskurve verdeutlicht werden kann (vgl. Ebbinghaus, 1885). So wissen wir aus zahlreichen psychologischen Studien, dass der Mensch um die sechs bis acht Wiederholungen braucht, um eine Information vom Kurzzeitgedächtnis ins Langzeitgedächtnis zu bringen. Fehlen diese Wiederholungen und die damit verbundene Anstrengung und der nötige Einsatz, so nimmt das Vergessen seinen Lauf. Der Moment des Vergessens beginnt also im Moment des Merkens. Und dies ist unabhängig davon, ob analog oder digital gelernt wurde.

Zweitens erfordert Lernen Herausforderungen: Es ist eine der beständigsten Botschaften von Technikkonzernen, dass Digitalisierung Lernen leichter macht. So schön diese These klingt, so falsch ist sie: Bildung im Allgemeinen und Lernen im Besonderen sind nichts Leichtes. Denn es schreitet über Umwege und Irrwege voran, führt nicht selten zu Misserfolg und Scheitern, erzeugt Fehler. Insofern darf es im Bildungsbereich nicht darum gehen, Lernen möglichst leicht zu machen. Es muss darum gehen, Lernen möglichst herausfordernd zu gestalten. Das Flow-Erlebnis ist der beste empirische Beleg für diese Grammatik des Lernens (vgl. Csikszentmihalyi, 2010): Menschen erreichen dann den Zustand tiefer Zufriedenheit, wenn sie einer Aufgabe nachgehen, die sie herausfordert und bei der die Wahrscheinlichkeit des Erfolges genauso groß ist wie die Wahrscheinlichkeit des Scheiterns. Wenn Digitalisierung im Bildungsbereich wirksam werden soll, dann muss sie so eingesetzt werden, dass dank ihr die Herausforderung noch besser gesetzt werden kann also ohne sie.

Drittens erfordert Lernen positive Beziehungen: Es ist eines der zentralen Ergebnisse der Anthropologie, dass der Mensch ein Gegenüber braucht, um sich selbst zu erkennen. Bei Martin Buber (1958) heißt es dementsprechend: Der Mensch wird am Du zum Ich. Fehlt dieses Gegenüber, ergeht es einem wie Robinson Crusoe: einsam und verlassen wird man sich fremd und verliert sich in einer Welt ohne Halt und Orientierung. Empirisch lässt sich diese Erkenntnis mittlerweile mehrfach belegen. Erneut sei auf den Dumm-und-dümmer-Effekt verwiesen (vgl. Hattie et al., 2018): Menschen neigen dazu, sich in ihren Möglichkeiten zu überschätzen oder zu unterschätzen. Nur selten trifft das Bild, das man von sich zeichnet, ins Schwarze. Die Fremdeinschätzung ist wichtig. Insofern ist auch das – durch die Digitalisierung befeuerte – Gerede vom Lernbegleiter und vom überzogenen individualisierten Lernen wenig hilfreich, vielmehr unsinnig: Lernende brauchen nicht nur einen „guide on the side". Sie brauchen auch und in jeder Phase ihres Lebens einen „change agent": einen Menschen, der ihnen den Spiegel vorhält, der sie ermutigt und die Herausforderung setzt, wenn sie nicht an sich glauben, der sie aber auch bremst, wenn sie falsche Erwartungen in sich setzen.

Viertens erfordert Lernen Motivation: Der Klassiker in der Diskussion um den Mehrwert der Digitalisierung im Bildungsbereich ist die These, dass durch den Einsatz von Tablets, Smartphones & Co. die Lernmotivation steigt. Empirisch ist das schön abbildbar und auf den ersten Blick bestätigbar. Allerdings zeigt sich auf den zweiten Blick, dass diese Zunahme der Motivation nach zwei bis vier Wochen wieder abnimmt – spätestens dann, wenn Lernende merken, dass es doch nur ums Lernen geht. Und so leidet dieses Digitalisierungsargument an der Unkenntnis der Grammatik des Lernens, dass Lernen Motivation erfordert: aber im Kern und auf Dauer eben keine Motivation, die außerhalb des Lernens liegt, sondern eine, die auf die Sache gerichtet ist, die es zu lernen gilt.

Fünftens erfordert Lernen Oberflächenverständnis, um Tiefenverständnis entwickeln zu können: In Zeiten von Alexa und Siri mag für viele unstrittig sein, dass dank Digitalisierung Menschen kein Faktenwissen mehr brauchen. Wissen ist jederzeit und überall verfügbar, so dass sich Lernende voll und ganz auf die Kompetenzentwicklung konzentrieren können. Diese Argumentation verkennt den Unterschied zwischen Faktenwissen und Klugheit sowie den Zusammenhang von Oberflächenverständnis und Tiefenverständnis, wie er in der Didaktik seit jeher bekannt ist. Damit Lernende in den Bereich des Tiefenverständnisses kommen können, der als sinnstiftendes, kreatives und problemlösendes Denken das Ziel von Bildung darstellt, müssen sie ein gewisses Maß an reproduzierbarem Wissen erworben haben. Allein zu wissen, wo etwas steht und wo eine Information aufzufinden ist, reicht nicht aus. Tiefenverständnis basiert auf Oberflächenverständnis. Und damit Lernende dieses weiterverarbeiten können, müssen die Fakten im Kopf sein – und nicht auf Platinen von Rechnern.

Es könnten noch viele weitere solcher Grundsätze des Lernens angeführt werden, aber die Kernbotschaft ist bereits sichtbar: Solange wir Menschen Menschen sind, so lange bleibt Lernen Lernen. Daran wird auch eine Digitalisierung nichts ändern.

Digitalisierung im Bildungsbereich ist keine Alternative zur humanistisch angeleiteten pädagogischen Praxis, sondern ihre Fortführung, ja Radikalisierung. Im Mittelpunkt hat die Persönlichkeitsentfaltung der Kinder und Jugendlichen zu stehen, ihre

Urteilskraft, ihre Entscheidungsstärke und ihr Tatendrang. Auch Digitalisierung im Bildungsbereich muss darauf gerichtet sein, die Bedingungen dafür zu schaffen, dass Menschen Autorinnen oder Autoren ihres eigenen Lebens sind. Insofern ist nicht eine digitale Schule das Ziel, sondern vielmehr eine humane Schule im Zeitalter einer Digitalisierung. So verstanden kann Digitalisierung einen wesentlichen Beitrag leisten, um Bildungsungleichheiten abzubauen und mehr Bildungsgerechtigkeit zu ermöglichen.

Abschließend soll an dieser Stelle ein Beispiel für eine Digitalisierung vorgestellt werden, die sowohl die Perspektive der Bildung als auch die Perspektive des Unterrichts berücksichtigt und damit einen Weg skizziert, wie eine humane Schule im Zeitalter der Digitalisierung aussehen kann. Die eingangs in diesem Kapitel genannten 7 C der Unterrichtsqualität finden darin ebenso Berücksichtigung wie die eben angestellten medienpädagogischen Überlegungen. Es handelt sich um das sogenannte SAMR-Modell von Ruben R. Puentedura (2021).

Wie immer gibt es auch zu diesem Modell kritische Stimmen, die wichtig sind (vgl. Hamilton et al., 2016). Aus meiner Sicht stellt es aber derzeit eines der überzeugendsten Modelle für die Nutzung der Digitalisierung im Bildungsbereich dar, was die theoretische Fundierung und die empirische Überprüfung anbelangt. Dabei steht das Kürzel SAMR für vier Ebenen des Einsatzes digitaler Medien (vgl. Zierer, 2019):

Auf der ersten Ebene *Substitution* werden digitale Medien genutzt, um traditionelle Medien zu ersetzen. Daher kann auf Deutsch von der *Ebene der Ersetzung* gesprochen werden. Ein Beispiel: Für gewöhnlich müssen Lernende einen Deutschaufsatz mit Papier und Bleistift schreiben. Sie können dies dank digitaler Medien mithilfe eines Computers oder eines Tablets ebenso machen. Der Effekt auf die Qualität der Geschichte ist gering, weil der zentrale Aspekt der Digitalisierung, nämlich Raum und Zeit zu überbrücken und Menschen miteinander zu verbinden, nicht genutzt wird. Es ist und bleibt der einzelne Lernende, der allein seine Aufgabe erfüllt, und einzig die Tatsache, dass er vielleicht schneller tippt, als er mit der Hand schreibt, nimmt Einfluss auf den Deutschaufsatz.

Auf der zweiten Ebene *Augmentation* werden digitale Medien genutzt, um gleich mehrere traditionelle Medien aufzugreifen. Daher kann auf Deutsch von der *Ebene der Erweiterung* gesprochen werden. Um das gegebene Beispiel fortzuführen: Der Lernende bekommt nicht nur Papier und Bleistift zur Verfügung gestellt, sondern auch Wörterbücher für Rechtschreibung und Grammatik sowie weiterführende Sachlexika. Da all das auch digital möglich ist, in der Regel sogar mit einem Gerät, kommt es zu einer Erweiterung, die digital durchaus schneller und einfacher geschieht als mit traditionellen Medien. Aber: Auch hier bleibt der Effekt gering, weil immer noch nicht der zentrale Aspekt der Digitalisierung genutzt wird. So ist es nach wie vor der einzelne Lernende, der allein mit seiner Aufgabe beschäftigt ist.

Aus empirischer Sicht ist es vor diesem Hintergrund nicht überraschend, dass die Ebenen der Ersetzung und der Erweiterung kaum dazu führen, die Unterrichtsqualität zu verbessern. Der Fokus ist begrenzt, und die Möglichkeiten der Digitalisierung werden noch nicht genutzt. Zu häufig wird ein traditionelles Medium durch ein digitales Medium ersetzt: der Computer als Lexikonersatz, der Beamer als Tafelersatz und das Tablet als Arbeitsblattersatz. Solange Schulen auf diesen Ebenen verharren, wird sich das Potenzial einer Digitalisierung im Bildungsbereich nicht entfalten können, sondern eher wird mit verschiedenen Fallstricken zu rechnen sein. Ungenutzte Sprachlabore sowie nicht enden wollende Lehrervorträge mit überfrachteten

Präsentationsfolien sind abschreckende Beispiele für eine unreflektierte Mediennutzung gestern und heute. Infolgedessen sind die weiteren Ebenen entscheidend:

Auf der dritten Ebene *Modification* werden digitale Medien genutzt, um die Aufgabe in einer Art zu ändern, die mit traditionellen Medien nur schwer möglich wäre. Daher wird auf Deutsch von der *Ebene der Änderung* gesprochen. Beispielsweise lautet die Aufgabe im Fall des Deutschaufsatzes nicht mehr, dass der einzelne Lernende diesen verfassen muss, sondern dass er sich im Team zusammenfinden soll und mithilfe digitaler Medien eine gemeinsame Textproduktion erfolgt. Natürlich können Lernende auch mit Papier und Bleistift gemeinsam einen Text verfassen, aber Digitalisierung erleichtert diesen Prozess auf der Arbeitsebene und schafft damit Räume für Kreativität und Zusammenarbeit. Dadurch, dass sogar mit Lernenden anderer Schulen oder mit Experten, wie Autorinnen und Autoren, zusammengearbeitet werden kann, schafft es die Ebene der Änderung mit Nachdruck, Raum und Zeit zu überbrücken und Menschen miteinander zu verbinden. Der Deutschaufsatz wird nun eine völlig neue Form erhalten, die der einzelne Lernende nicht allein hinbekommen kann.

Auf der vierten Ebene *Redefinition* werden digitale Medien genutzt, um die Aufgabe in einer Art zu belegen, die mit traditionellen Medien nicht möglich ist. Daher wird auf Deutsch von der *Ebene der Neubelegung* gesprochen. Im vorgestellten Beispiel könnte die Aufgabe lauten, dass nicht nur ein Deutschaufsatz verfasst wird, sondern dieser zu einem Drehbuch weiterverarbeitet und auch realisiert wird. Dafür sind dann nicht nur weitere Schreibanlässe im Team notwendig, sondern auch eine neue Form der Umsetzung, die neben der Fachlichkeit die digitalen Medien selbst zum Lerngegenstand werden lässt. So ist für den zu drehenden Film zu entscheiden, wann ein Perspektivwechsel einzubauen ist, welche Musik herangezogen wird, welches Erzählformat gewählt wird und dergleichen. Alles in allem nutzt diese Ebene die Möglichkeiten einer Digitalisierung: Raum und Zeit werden überbrückt und Menschen werden miteinander verbunden.

Aus empirischer Sicht führen die Ebenen der Änderung und der Neubelegung nicht nur zu größeren Lerneffekten im Fach, sondern auch zu einer umfangreichen Medienbildung. Damit sind sie es, die sowohl die Unterrichtsqualität in den Blick nehmen als auch die Perspektiven des Unterrichts und der Bildung berücksichtigen.

Gerade für Kinder und Jugendliche aus bildungsfernen Milieus ist das wichtig, weil sie nachweislich stärker von möglichen Nachteilen einer Digitalisierung betroffen sind. Medienbildung ist in diesem Sinn ein wichtiges Feld für mehr Bildungsgerechtigkeit. So verstanden kann Digitalisierung ein wichtiger Beitrag sein, um Schule neu zu denken und aus einer passiven Rolle herauszuholen. Gesamtgesellschaftliche Veränderungen erfordern immer auch eine aktive Rolle von Schule, weil sie die nachwachsende Generation auf die Gesellschaft von heute und morgen vorbereiten muss.

4. Schule neu denken – Grundsätze der Bildung nach Corona

Bevor ich abschließend in fünf Grundsätzen einen Forderungskatalog vorlege, um Schule neu zu denken, möchte ich zunächst auf drei Punkte eingehen, die in besonderer Art und Weise als Schwachstellen des Bildungssystems während der Coronapandemie offenkundig geworden sind: Erstens wurde in den Schulen zu lange ein einseitiges, weil an wenigen kognitiven Elementen ausgerichtetes *Bildungsverständnis* vermittelt. Hier ist umzudenken und Bildung neu zu definieren. Zweitens wurden Schulen in den letzten Jahren einseitig auf ein *Effektivitätsdenken* reduziert. So wichtig Effektivität auch ist, sie darf im Bildungsprozess nicht das Einzige sein. Bildung ist im Kern immer zweckfrei zu verstehen, wenn sie nicht Mittel zum Zweck werden soll. Und drittens zeigt sich damit *Freude* als das Bildungselixier schlechthin. Leider, so zeigen es aber empirische Studien, ist es um die Freude in der Schule nicht zum Besten bestellt. Insofern ist es an der Zeit, sie zum Leitmotiv für Erziehung und Unterricht zu erheben.

Schule für epochaltypische Herausforderungen rüsten: weniger PISA, mehr Bildung

In die Diskussion über Bildung ist Bewegung gekommen. Dabei werden auch die Ergebnisse aus PISA kritisiert. Am 6. Mai 2014 hat eine größere Gruppe, initiiert von namhaften US-amerikanischen Erziehungswissenschaftlern, in einem offenen Brief auf der Internetseite von *The Guardian* die Verantwortlichen von PISA aufgerufen, den „PISA-Wahn" zu stoppen und Bildung anders zu denken. Die Vorwürfe sind nicht neu, aber sie werden dieses Mal prominent und auf breiter Basis vertreten: PISA führe zu einem verkürzten Bildungsverständnis, in dem nur ein kleiner Teilbereich dessen, was Bildung ausmacht, in den Fokus genommen wird. Die Messinstrumente, die angelegt werden, seien mehr als fragwürdig und wiesen größere Schwächen auf. Das Konzept von Humankapital, das hinter PISA steckt, entpuppe sich bei genauer Analyse als zutiefst inhuman. Diese Kritik findet sich in Deutschland unter den Stichworten der „Ökonomisierung von Bildung" oder der „Instrumentalisierung von Bildung" wieder. Die Gefahr, die dahintersteckt, lässt sich in Anlehnung an Julian Nida-Rümelin (2011) mit dem Begriff der Optimierungsfalle umschreiben: Ein Trachten nach steter Maximierung und Effektivitätssteigerung im Bildungssystem führt zu Verkürzungen und Fehlentwicklungen. Am Beispiel von China, wohlgemerkt einem der PISA-Sieger, lässt sich das verdeutlichen: Chinesischer Unterricht zeigt sich zwar als hoch effektiv, und chinesische Schülerinnen und Schüler zählen mit zu den besten, wenn es um mathematische, naturwissenschaftliche und sprachliche Kompetenzen geht. Allerdings weist China mit die höchste Burn-out-Rate bei Studierenden und die höchste Selbstmordrate im Primarbereich auf. Kurzum: Eine Wachstumsökonomie im Feld der Bildung führt zu einem Bildungskollaps.

Die Menschheit steht heute vor globalen Herausforderungen. Diese beschreiben auch Probleme, die die Menschheit selbst verursacht hat und die nur global denkend in lokalen Handlungskontexten in den Griff zu bekommen sind. In Anlehnung an Wolfgang Klafki (1995) kann von epochaltypischen Herausforderungen gesprochen werden. Das Charakteristische für diese Art von Problemen ist:

- Sie sind weltweit betrachtet von Bedeutung und erfordern insofern auch globale Lösungsansätze. Kein Nationalstaat kann für sich allein epochaltypische Herausforderungen bewältigen.
- Sie sind historisch gewachsen und treten in einer bestimmten Zeit in den Vordergrund. Kein Nationalstaat kann sich epochaltypischen Herausforderungen entziehen.
- Sie haben interdisziplinären Charakter und lassen sich nicht nur aus einer Perspektive betrachten. Epochaltypische Herausforderungen haben mindestens eine ökonomische, ökologische und soziale Facette.
- Sie erfordern nicht nur eine sachliche Analyse, sondern auch eine ethische. Infolgedessen bedarf es verschiedener methodischer Zugänge, um epochaltyische Herausforderungen zu lösen.

Nimmt man diese Charakterisierung ernst und versucht daraus ein modernes Bildungsverständnis abzuleiten, so scheint der Vorstoß von Howard Gardner (2009) wichtig. Dieser entwickelt ein Zukunftsprogramm und spricht von „Five minds for the future":

1. Menschen heute und in Zukunft benötigen mehr als nur Fachwissen. Der pädagogische Kerngedanke eines Schulfaches ist nicht das Detailwissen, sondern die Denkweise, das Orientierungswissen, der Beitrag zum Selbst- und Weltverständnis.

Eine Engführung auf das Memorieren von vordergründigem Faktenwissen verspielt die Möglichkeiten eines Faches ebenso wie menschliche Potenziale und lässt Lernen bedeutungslos werden.

2. Menschen heute und in Zukunft müssen in der Lage sein, aus der Vielzahl an Informationen das Wichtigste herauszufiltern, kritisch zu reflektieren und miteinander zu verbinden. Ein strikt nur auf das jeweilige Fach und dessen Denkweise bezogener Fachunterricht führt zu einer Segmentierung von Wissen und verhindert inter- und transdisziplinäres Denken. Letzteres ist allerdings für das Leben in einer humanen Weltgesellschaft wesentlich.

3. Menschen heute und in Zukunft müssen kreativ sein, wenn sie Nichtvorhersagbares bewältigen und im Wettbewerb bestehen wollen. Sie müssen Perspektiven verbinden und in vielfältig zusammengesetzten Teams arbeiten können. Expertentum im Sinn einer isolierten fachlichen Spezialisierung verliert immer mehr an Bedeutung und ist nicht mehr zeitgemäß.

4. Menschen heute und in Zukunft müssen Respekt gegenüber der Vielfalt haben. Kein Mensch weiß alles, und kein Mensch hat immer recht. Anerkennung von Vielfalt und Urteilskraft ist die Basis für Demokratie und Humanität.

5. Menschen heute und in Zukunft brauchen ein ethisches Bewusstsein – und zwar in allen Bereichen des Lebens, beispielsweise in religiösen, in kulturellen und in politischen Fragen. In allen Lebenslagen sind nicht nur Wissen und Können gefragt, sondern auch Wollen und Werten. Die ethische Dimension des Lebens ist im Großen und im Kleinen gefordert.

Die aktuellen und zukünftigen Herausforderungen der Lebenswelt brauchen keine weitere Spezialisierung auf wenige Kompetenzen und keine weitere Konzentration auf eine Auswahl von Fächern. Neben Fachlichkeit ist ebenso Interdisziplinarität wichtig und neben einem egozentrischen Leistungsstreben eine respektvolle und ethische Haltung gegenüber der Mit- und Umwelt. Gelingt dies, so werden Pathologien der Bildung vermieden, und gleichzeitig kann Bildung zum Motor für gesellschaftliche Veränderung werden.

Mehrere Antworten auf die zentrale Frage finden: Was ist eine gute Schule?

Die Menschheit hat das Potenzial, die Welt zu verbessern. Damit dies jedoch passiert, braucht es *Urteilskraft* und *Tatendrang*. Kurzum: Es braucht Bildung! Angesichts der zahlreichen Veränderungsprozesse erscheint das derzeitige Schulsystem an seine Grenzen zu stoßen. Es muss neu gedacht werden.

Häufig richtet sich der erste Gedanke bei der Erneuerung des Schulsystems auf die Strukturen. So wichtig diese auch sind, die entscheidende Wirkung geht nicht von ihnen aus, weswegen John Hattie (2015) derartige Debatten auch als „politics of distraction" bezeichnet. Damit meint er ein bildungspolitisches Agieren, das sich vor allem auf die sichtbaren Facetten eines Schulsystems beschränkt, dabei aber die unsichtbaren vergisst.

Was ist nun eine gute Schule, und woran lässt sie sich erkennen, wenn nicht an bestimmten Strukturen? Zur Beantwortung dieser Frage greife ich auf ein erkenntnistheoretisches Modell von Ken Wilber (1987) zurück, das dieser in Anlehnung an Karl Popper und Jürgen Habermas entwickelt hat. Wilbers Kernaussage ist, dass sich komplexe Phänomene aus unterschiedlichen Perspektiven betrachten lassen und jede dieser Perspektiven für sich genommen wichtig ist.

Im Wesentlichen können vier erkenntnistheoretische Zugänge unterschieden werden: ein objektiver, ein subjektiver, ein intersubjektiver und ein interobjektiver. Wie helfen diese Zugänge bei der Beantwortung unserer Schlüsselfrage: Was ist eine gute Schule?

Objektiver Zugang: Unter diesem Blickwinkel dominieren empirische Methoden, und es kommt zu einem Erkenntnisgewinn durch Messen, Testen und dergleichen. Ein Beispiel für eine entsprechende Aussage wäre: „Es regnet draußen." Diese Aussage kann jede Person schnell und einfach überprüfen. Damit wird deutlich, dass Aussagen aus diesem Blickwinkel die Wahrheit für sich in Anspruch nehmen. Wenn es im Kontext von Schule um ein Messen und Testen geht, dann ist Effektivität das bestimmende Kriterium, und die Frage nach einer guten Schule spitzt sich auf die Teilfrage zu: Was ist eine effektive Schule? Paradebeispiele hierfür sind die internationalen Vergleichsstudien PISA & Co., in denen die Leistungsfähigkeit von Bildungssystemen im Ländervergleich anhand der mathematischen, naturwissenschaftlichen und sprachlichen Kompetenzen gemessen wird. Auch die bereits mehrfach zitierte Studie „Visible Learning" (vgl. Zierer, 2021a) ist eine wahre Fundgrube, um über die Effektivität des Lernens und Lehrens nachzudenken. Allerdings erschöpfen sich Bildung und schulische Leistung nicht in den genannten Kompetenzen. Erinnert sei erneut an die multiplen Intelligenzen von Howard Gardner (1983): Es gibt auch motorische, soziale, affektive, moralische, ethische und religiöse Kompetenzen, die ebenfalls zum Aufgabenbereich von Erziehung und Unterricht gehören, die aber empirisch selten gemessen werden, weil sie sich einer entsprechenden Messung entziehen. Die empirische Bildungsforschung misst in erster Linie das, was gut zu messen ist. Das ist der Vorteil, gleichzeitig aber auch der Nachteil.

Subjektiver Zugang: In dieser Perspektive geht es in erster Linie um Bedürfnisse, Interessen und Gefühle. Ein Beispiel hierfür wäre die Antwort „Es geht mir gut" auf die Frage „Wie geht es Ihnen?". Dass der Wahrheitsgehalt dieser Aussage sich einem empirischen Zugang entzieht, liegt auf der Hand: Es kann mithilfe von Messungen oder Tests nicht überprüft werden, ob jemand die Wahrheit sagt oder womöglich lügt. Infolgedessen können Aussagen aus dieser Perspektive für sich keine Wahrheit in Anspruch nehmen, sondern eine Wahrhaftigkeit. Überträgt man diesen Gedanken auf die Frage nach einer guten Schule, so lässt sich die Begrenzung eines objektiven Zuganges sichtbar machen: Bildung besteht nicht nur aus Kompetenzen, und Schule erschöpft sich nicht darin, möglichst effektiv zu sein. Ebenso wichtig sind die Interessen, die Wünsche und Bedürfnisse aller Beteiligten. Damit spitzt sich aus dieser Perspektive betrachtet die Frage nach einer guten Schule auf die Teilfrage zu: Was ist eine freudvolle Schule? Es ist kein Geheimnis, dass effektive Lebenszeit nicht immer erfüllt sein muss und ebenso erfüllte Lebenszeit nicht immer effektiv genutzt wird. Zur Bildung gehört aber beides. Dass die Perspektive der Freude in der Diskussion vergessen wird, hat mit einer Überbetonung der Effektivität zu tun.

Intersubjektiver Zugang: Werte und Normen, Regeln und Rituale spielen aus diesem Blickwinkel eine große Rolle, und sie haben einen Einfluss darauf, wie Menschen denken und handeln. Sie können weder empirisch bestimmt noch vom Einzelnen festgelegt werden. Vielmehr bedürfen sie einer argumentativen und diskursiven Auseinandersetzung. Insofern ist der Anspruch, der mit Aussagen aus diesem Blickwinkel erhoben werden kann, nicht Wahrheit oder Wahrhaftigkeit. Stattdessen geht es um ein kulturelles Passen. Überträgt man diesen Gedanken auf die Frage nach einer guten Schule, so lässt sich die

109

Teilfrage formulieren: Was ist eine kulturell passende Schule? In diesem Sinn sind vor allem Ziel- und Inhaltsfragen gemeint. Diese lassen sich weder empirisch bestimmen, noch können sie vom Einzelnen festgelegt werden. Die Frage, was in der Schule warum gelernt werden soll, muss diskursiv und argumentativ beantwortet werden. Jede Kultur muss sich diese Fragen selbst stellen. Der Bildungsbegriff ist somit auch immer wieder neu zu bestimmen. Was heute für wichtig erachtet wird, kann morgen schon überholt sein. Zu denken ist beispielsweise an die Umwelterziehung, die mit der Atomkatastrophe in Tschernobyl 1986 besondere Aufmerksamkeit erfuhr, um dann für mehrere Jahre wieder in den Hintergrund zu geraten. Aktuelle Schlagzeilen zum Klimawandel bringen dieses Thema wieder ganz nach oben auf die Agenda.

Interobjektiver Zugang: Hier dominieren systemische Perspektiven, wonach kein Mensch für sich allein existiert, sondern eingebunden ist in verschiedene Kontexte – in Familie, in Wirtschaft, in Politik und in Kirche, um vielleicht die wichtigsten an dieser Stelle zu nennen. Gemäß der Systemtheorie von Niklas Luhmann (1998), die mit dieser Perspektive in Verbindung gebracht werden kann, gibt es zahlreiche Spannungsverhältnisse zwischen den einzelnen Systemen. Diese sind vor allem auf die unterschiedlichen Codes zurückzuführen, mit denen die Systeme sich äußern und arbeiten: der Politik geht es in erster Linie um Macht, der Wirtschaft um Gewinne, der Kirche um Glauben, den Schulen um Bildung usw. Diese unterschiedlichen Interessenlagen können zu Konflikten und Kontroversen führen. Ihre Klärung erfordert insofern Aussagen, die den Anspruch nach einem funktionalen Passen erheben. Auch für die Frage nach einer guten Schule ist diese Perspektive relevant: Wie passt die schulische Ausrichtung zu den wirtschaftlichen Anforderungen? Gerade in Zeiten einer Digitalisierung wird hierüber vielfach diskutiert. Wie gelingt es, zwischen den familiären Erwartungen und den schulischen Möglichkeiten einen Abgleich herzustellen? Sowohl die Quantität als auch die Qualität von Ganztagsschulen spielen hier eine Rolle. Und schließlich: Wie interagiert das Schulsystem mit außerschulischen Bildungsstätten? Hierzu zählen Angebote von Vereinen, Museen, Theatern und viele andere mehr. Die Frage nach einer funktional passenden Schule ist somit ein wichtiger Aspekt zur Beantwortung der Frage nach einer guten Schule.

Die Coronapandemie hat nun in allen dargestellten Quadranten Spuren hinterlassen: Sind es im objektiven Quadranten die Lerndefizite, die möglicherweise im Gedächtnis bleiben, ist es aus interobjektiver Sicht die Synergie zwischen Schule und Familie, die wichtig für den Bildungserfolg ist. Mit Blick auf den intersubjektiven Quadranten ist die Frage nach den Werten in aller Munde – Solidarität als Stichwort –, und aus der Perspektive des subjektiven Quadranten ist es die Freude, die im Zuge der sozialen Isolation vielen abhandengekommen ist. Schule neu denken heißt in diesem Sinn, dass in Zukunft all diese Facetten einer Schule in den Blick zu nehmen sind, damit eben nicht wieder nur einer der genannten Quadranten alles bestimmt. Die Folge aus einer einseitigen Betrachtung der Schule ist eine pädagogische Klimakrise, weil Schule dann dem Menschen mit all seinen Möglichkeiten und Bedürfnissen nicht gerecht wird. Insofern ist eine gute Schule effektiv, funktional passend, kulturell passend und freudvoll.

Die Abwendung der pädagogischen Klimakrise: Freude wird zum Leitmotiv

Die skizzierten Perspektiven einer guten Schule weisen auf einen Aspekt hin, der angesichts einer Studie von Lee Jenkins (2015) wachrütteln muss. In dieser hat er Schülerinnen und Schüler vom Kindergarten bis zum Abschlussjahrgang einschätzen lassen, wie gerne sie in die Schule gehen, weil sie Freude am Lernen haben. Das Ergebnis zeigt, dass zu Beginn der Schulkarriere nahezu alle Lernenden Freude am schulischen Lernen erfahren. Dieser Wert nimmt dann von Schuljahr zu Schuljahr langsam, aber sicher ab, bis er in der neunten Jahrgangsstufe bei gut 30 Prozent Zustimmung ist. Zum Ende hin, also wenn Licht am Ende des Tunnels sichtbar wird, steigt die Freude am schulischen Lernen wieder leicht an.

Dieses Ergebnis, auch als Jenkins-Kurve bezeichnet, ist schockierend: Das zentrale Ziel von Schule ist doch, Freude am Lernen zu erhalten und im Zug einer Erweiterung des Gedankenkreises auch eine Freude am schulischen Lernen zu wecken. Wenn wir nun aber feststellen müssen, dass genau das Gegenteil eintritt und Lernende mit zunehmendem Alter immer weniger Freude am schulischen Lernen verspüren, dann läuft etwas schief in dieser Bildungseinrichtung.

Was alles schiefläuft, legt Ken Robinson (2018), einer der bekanntesten Erziehungswissenschaftler der letzten Jahre, in einem TED-Talk offen, der bis heute der am meisten gesehene TED-Talk überhaupt ist: Über 70 Millionen Menschen haben sich ihn angesehen. Darin spricht Ken Robinson davon, dass die Kreativität von Kindern und Jugendlichen in der Schule getötet wird – so manche Schulpsychologinnen und Schulpsychologen gehen noch einen Schritt weiter und sagen: Schule tötet nicht nur die Kreativität von Kindern und Jugendlichen, sie kann sogar krank machen. Als Gründe für diesen negativen Befund nennt Ken Robinson eine falsch verstandene Standardisierung, die die Individualität der Menschen verkennt. Zudem dominiert ein Verständnis von Fehlern, das nicht dem menschlichen Lernen entspricht. Diesem falschen Verständnis zufolge sind Fehler in der Schule immer etwas, was es zu vermeiden gilt. Aber richtig verstanden ist der Fehler der Motor des Lernens – ohne Fehler kein Lernen. Und schließlich kritisiert er eine daraus folgende Oberflächlichkeit, die im Kern den menschlichen Möglichkeiten nicht gerecht wird: Durch zu viel sinnloses Detailwissen verlieren Lernende die Lust am Lernen und damit auch die Freude an der Schule.

Die Folge aus dem Gesagten ist für Ken Robinson eine „pädagogische Klimakrise": Kinder und Jugendliche werden in einem System groß, das ihnen nicht gerecht wird und sie nicht versteht. Diese pädagogische Klimakrise ist noch schwerwiegender als die ökologische Klimakrise. Denn ohne ein Klima in den Bildungseinrichtungen, das Kinder und Jugendliche achtet und ihnen sowohl Zeit als auch Raum für die Entfaltung im umfassenden Sinn lässt, können Kinder und Jugendliche sich nicht umfassend bilden, und es kann keine Freude entstehen. Das Recht auf Unbeschwertheit wird an dieser Stelle besonders deutlich (vgl. Zierer, 2021b). Freude ist der Motor des Lebens, der Bildung und des Lernens.

Entscheidend ist nun: Diese pädagogische Klimakrise lässt sich ebenso bewältigen wie die ökologische Klimakrise. Zu Beginn des 21. Jahrhunderts haben wir Menschen nicht nur das nötige Wissen, sondern auch die nötigen Möglichkeiten. Aber auch hier gilt: Es ist Zeit zu handeln, im Großen wie im Kleinen.

Um den Gedanken an dieser Stelle weiter ausführen zu können, möchte ich nochmals auf die Coronapandemie eingehen. Denn sie war für viele junge Menschen eine Ausnahmesituation

– manche Forscher sprechen sogar vom größten sozialen Experiment der Menschheit. Warum? Aufgrund der Lockdown-Maßnahmen wurden Schülerinnen und Schüler mehrmals aus ihrem sozialen Umfeld herausgerissen und Kontakte wurden eingeschränkt. Aufgrund von Infektionsfällen mussten zusätzlich einige Kinder und Jugendliche in Quarantäne, wodurch jeglicher soziale Kontakt vermieden wurde. In der Summe kommen so schnell mehrere Wochen zusammen, in denen Kinder und Jugendliche nicht nur zuhause lernen mussten, sondern auch sozial isoliert waren.

In der sogenannten Seneca-Studie (vgl. Zierer, 2020b) wurde der Frage nachgegangen, wie es Lernenden nach dem ersten Lockdown ergangen ist. Namensgebend für die Studie ist der römische Philosoph Seneca, der mit seinem Ausspruch „Non vitae, sed scholae discimus" Kritik an Schulen formulierte; seither dient die Umstellung „Non scholae, sed vitae discimus" als pädagogischer Appell. Nach den coronabedingten Schulschließungen zum Ende des letzten Schuljahres konnte in diesem Zusammenhang ein Phänomen beobachtet werden, das die Schulen nur selten, vielleicht sogar noch nie erlebt haben: Auf allen Seiten war die Freude groß, dass endlich wieder Präsenzunterricht stattfand. Was ist es also, das die Lernenden motiviert, in die Schule zu gehen?

Um diese Frage zu beantworten, wurden im Oktober und November 2020 über 2200 Schülerinnen und Schüler aus den Jahrgangsstufen 7 bis 12 dreier Bundesländer danach befragt, was ihr Hauptmotiv ist, in die Schule zu gehen. Drei Antwortmöglichkeiten mussten dabei bewertet werden. Die Auswertung der Daten ergibt folgendes Bild:

An erster Stelle stehen in allen Klassen die Gleichaltrigen: 93 Prozent der Lernenden geben an, dass die Freunde der bestimmende Grund sind, warum sie gerne in die Schule gehen. Der Antwortmöglichkeit, dass die Schülerinnen und Schüler gerne in die Schule gehen, weil sie dort etwas lernen, stimmten im Vergleich lediglich 72 Prozent zu. Angesichts der langen Zeit, in der Jugendliche zuhause sein mussten, interessierte auch die Antwortmöglichkeit, ob Lernende sich freuten, endlich wieder aus dem Zuhause zu kommen. Die Zustimmung hierfür gaben lediglich 24 Prozent.

Das Ergebnis zeigt, dass über alle Jahrgangsstufen hinweg die Gleichaltrigen der wichtigste Anstoß für Bildungsprozesse sind. Vor diesem Hintergrund muss der an Seneca angelehnte und viel zitierte Spruch „Non scholae, sed vitae discimus" korrekt lauten: „Non scholae, sed amicis discimus". Also: Nicht für die Schule, sondern für die Freunde lernen wir.

Bei diesem Ergebnis ist beachtenswert, dass die genann-ten Zustimmungen abhängig vom Alter der Lernenden sind: So erreichen die Freunde, das Lernen und das Rauskommen aus dem Elternhaus die höchste Zustimmung jeweils in der 7. und 12. Jahrgangsstufe, während in der 10. Jahrgangsstufe jeweils der Tiefstand zu verzeichnen ist: In die Schule wegen des Lernens zu gehen, gilt in dieser Altersgruppe nur noch für 55 Prozent. Offensichtlich ist zwischen 15 und 16 Jahren vieles weitaus wichtiger als die Schule, und sie verliert als Lebens-ort an Bedeutung. Ein Grund dafür ist in der Fülle an Lehr-planinhalten zu sehen, die vielen Schülerinnen und Schülern nahezu sinnlos erscheinen. Die Seneca-Studie bestätigt damit die bereits angesprochene Jenkins-Kurve, wonach zu Beginn der Schulkarriere die Freude am schulischen Lernen hoch ist, danach kontinuierlich auf einen Zustimmungswert von gut 30 Prozent abfällt, um dann zum Ende hin wieder leicht an-zusteigen.

Was folgt aus dem Gesagten für die Schule als der wichtigsten gesellschaftlichen Institution für junge Menschen? Soll Schule nicht nur Lernort, sondern auch Bildungsraum werden und damit ein Ort der Freude, so wird sie neu zu denken sein. Kennzeichnend für Freude sind fünf Aspekte (vgl. zum Folgenden Zierer, 2021b): Gründe, Gestaltung, Gelingen, Gefühle und Gemeinschaft. Mit diesen Kennzeichen lässt sich die angesprochene pädagogische Klimakrise meistern:

Schule als Ort der Freude braucht *Gründe*: Lernen heute vollzieht sich häufig ohne nachvollziehbaren Sinn für Kinder und Jugendliche. Warum soll sich beispielsweise ein Abiturient aus Bayern alle Namen der Halligen merken? Warum wird von jungen Menschen verlangt, dass sie die genaue Anzahl der Wirbelkörper benennen können? Und warum ist es bedeutsam zu wissen, aus wie vielen einzelnen Büchern die Bibel besteht? Wenn Schule diese Fragen nicht beantworten kann, dann schafft sie es nicht, dass Lernen zu Bildung wird. Zwar kann sich ein Mensch auch ohne Antworten auf diese Fragen Wissen aneignen, aber dieses Wissen wird ihn nicht als Menschen verändern, weil es ihn nicht berührt. Es nimmt folglich keinen Einfluss auf sein Denken, Handeln und Fühlen. Für die Prüfung mag es relevant sein, aber nach der Prüfung wird es schnell wieder vergessen sein. Schule heute muss also mehr als bisher die Frage nach dem Sinn des Lernens nicht nur zulassen, sondern in den Mittelpunkt rücken.

Schule als Ort der Freude braucht *Gefühle*: Lernen heute vollzieht sich häufig ohne die Einbindung der Emotionalität von Kindern und Jugendlichen. Wissen wird häufig als Wissen vermittelt, das in Büchern steht. Im Unterricht wird nur selten deutlich gemacht, was dieses Wissen mit den Lernenden zu tun hat. Fast jeder kennt aus seiner Schulzeit das Buch-Seite-Aufgabe-Spiel. Auch heute ist dieses Vorgehen keine Seltenheit, und Lernende fragen sich berechtigterweise: Warum soll ich das lernen? Was hat das Ganze mit mir zu tun? Wenn Lernen für Kinder und Jugendliche keinen Sinn ergibt, dann werden sie davon nicht berührt und die Emotionalität bleibt außen vor. Aber ohne Emotionalität kann keine Freude entstehen. Hinzu kommt, dass Schule immer stärker auf das Lernen reduziert wird – gerade während der Coronapandemie gezwungenermaßen. Feste und Feiern spielen sich am Rand des Schullebens ab: Der Lehrplan ist auch zu voll und es ist keine Zeit, so ist zu vernehmen, wenn das pädagogische Klima in Richtung Lebensfreude entwickelt werden soll. Ein Glückspilz, der in seiner Schulzeit auf Klassenfahrten war. Denn heute waren viele Kinder in der Grundschule nicht in einem Schullandheim, und viele Jugendliche kennen bis auf den Urlaub mit ihren Eltern keine weiteren Reisen. Dass aber der Mensch auf Reisen sich erkennt und dadurch Freude erfährt, ist nicht erst seit Johann Wolfang von Goethe bekannt. So bleibt für viele Absolventen als einzige Erinnerung die Abschlussfahrt, auf der angesichts des erlebten Elends nicht selten über die Stränge geschlagen wird. Schule heute muss also mehr als bisher die Emotionalität von Kindern und Jugendlichen berücksichtigen – in unterrichtlichen und außerunterrichtlichen Aktivitäten.

Schule als Ort der Freude braucht *Gestaltung*: Lernen heute vollzieht sich häufig in einer Empfängerrolle. Lernende hören zu und führen aus, was die Lehrperson vorträgt. Vielfach wird daraus gefolgert, dass Schülerinnen und Schüler nur passiv seien. Dies ist aber insofern falsch, als sowohl Zuhören als auch Ausführen Aktivitäten sind – und gerade das Zuhören ist eine der wichtigsten Kompetenzen des Menschen. Womit Kritikerinnen und Kritiker recht haben, ist der Mangel an Gestaltung bei diesem Lernen. Sicherlich lernen Kinder und Jugendliche im Lauf ihres Lebens vieles durch Nachahmen, und selbst der erwachsene Mensch tut dies. Aber der Mensch bleibt beim Nachahmen nicht stehen: er probiert aus, ändert das Gehörte ab, sucht neue Wege und ist kreativ. Das Wort „Bewegungsfreude" bringt präzise auf den Punkt, wenn Kinder und Jugendliche beim Spielen ihrem motorischen Erfindergeist freien Lauf lassen. Ohne diese Möglichkeiten verkümmert die Neugierde der Schülerinnen und Schüler und damit auch ihre Kreativität. Ein Lernen, das nur aus Zuhören und Ausführen besteht, wird dem Menschen nicht gerecht und ist letztlich auch inhuman. Schule heute muss also mehr als bisher den musischen Bereich ins Zentrum rücken. Kunst, Musik und Sport gehören in den Mittelpunkt von Schule, weil sie Gestaltungszeiten und -räume liefern, in denen Freude entstehen kann.

Schule als Ort der Freude braucht *Gelingen*: Lernen heute vollzieht sich häufig in Bahnen des Reproduzierens von Wissen. Auch das ist eine Form des Gelingens: Die Lehrperson stellt den Schülerinnen und Schülern eine Frage, und diese geben die richtige Antwort. Dieses Frage-Antwort-Spiel ist uns allen bekannt, und manchmal ist es auch zufriedenstellend. Aber zur Freude braucht es mehr. Denn zum Gelingen, wie es für Bildungsprozesse im Allgemeinen und für Freude im Besonderen gemeint ist, gehört eine Herausforderung, die den Menschen in all seinen Möglichkeiten anspricht. Denken Sie an dieser Stelle beispielsweise an einen Konzertauftritt, der nach wochenlangem Üben ansteht. Denken Sie an ein Kind, das seine ersten Schritte wagt und erfolgreich in die Hände der Eltern wackelt. Oder denken Sie an einen Wettkampf, auf den sich eine Mannschaft intensiv vorbereitet hat und von Spiel zu Spiel steigert, bis sie immer besser zusammenfindet. Das sind Herausforderungen, wie sie der Flow-Effekt beschreibt: Ausgehend vom Leistungsniveau kommt es zu einer Passung mit der Aufgabenstellung, die den Menschen nie nur kognitiv fordert, sondern immer auch motivational und emotional. Kleine Erfolge sind hier notwendig. Für die Entwicklung von Kindern und Jugendlichen ist es hinderlich, überhaupt keine Momente des Gelingens zu erfahren und immer nur zu scheitern. Diese Erkenntnis ist besonders wichtig bei den aktuellen Herausforderungen: Wer die ökologische Krise nur als Bedrohung erfährt und keine Erfahrungen macht, wie er selbst etwas dagegensetzen kann, der wird womöglich nur Angst und Ohnmacht erfahren. Freude entsteht hier mit Sicherheit nicht. Für die Bewältigung der aktuellen Herausforderungen ist also wichtig: Kinder und Jugendliche müssen erfahren, dass sie etwas tun können, dass sie erfolgreich agieren können. Damit wird beispielsweise das aufwändige Anlegen einer Insektenwiese, das auf das ökologische Klima zunächst kaum einen Einfluss hat, für das pädagogische Klima umso wichtiger. Schule heute muss also mehr Momente des Gelingens anbieten, die Kinder und Jugendliche umfassend herausfordern und sie kognitiv, emotional und motivational ansprechen.

Schule als Ort der Freude braucht *Gemeinschaft*: Lernen heute vollzieht sich häufig als Einzelleistung. Gerade in Prüfungen wird das sichtbar: Immer ist der Einzelne gefordert. Dies ist nicht nur vor dem Hintergrund abwegig, dass im späteren Leben in allen Bereichen Kooperation notwendig ist, sondern auch angesichts der Bedeutung von Gemeinschaft für Bildung und Lernen. Gemeinschaft ist die Grundlage dafür, dass sich der Mensch entfalten kann. Damit ist nicht gemeint, dass alle Schülerinnen und Schüler immerzu dasselbe machen müssen und der Gruppenfokus über allem anderen steht. Das wäre ebenso verkürzend wie die überzogene Feier der Individualität eines jeden Menschen. Vielmehr ist ein Ausbalancieren zwischen beiden Polen nötig: Die Gemeinschaft auf der einen Seite ist ebenso wichtig wie die Einzelleistung auf der anderen Seite. Das Kollektiv einerseits kann ebenso bildungswirksam werden wie der Wettbewerb andererseits. Infolgedessen sind beide Perspektiven nicht als Gegensätze zu sehen, sondern sie ergänzen sich. Damit kommt man einer Freude in der Schule sehr nahe. Dies gelingt beispielsweise über Projekte, die aus der Lebenswelt der Kinder und Jugendlichen stammen und dadurch sinnstiftend und emotional ansprechend sind. In solchen Projekten wirken beide Perspektiven zusammen: die Leistung des Einzelnen in der Gruppe – keiner bewältigt die Aufgabe eines Projektes allein, und ohne den Einzelnen ist Erfolg nicht möglich. Schule heute muss also mehr als bisher die Gemeinschaft fördern – weg vom Einzelkämpfer und hin zum Teamspieler.

Wenn in der Schule diese Veränderungsprozesse umgesetzt werden, dann wird Schule neu gedacht. Sie wandelt sich damit von einem Lernort zu einem Bildungsraum. In dessen Zentrum steht die Freude, weil es bewusste und vielfältige Gründe für das Lernen gibt, weil Inhalte sinnstiftend vermittelt werden und die Lernenden emotional ansprechen, weil Momente des Gelingens immer den ganzen Menschen mit all seinen Möglichkeiten erreichen und Gemeinschaft der Schülerinnen und Schüler nicht nur auf dem Pausenhof oder vor den Schultoren Bedeutung erhält, sondern in den Klassenzimmern. In dieser Vision von Schule wird die pädagogische Klimakrise mittels der Freude bewältigt, und die Freude am schulischen Lernen wird nicht sukzessive ausgetrieben, sondern immerzu vermehrt.

Die Coronapandemie hat gesamtgesellschaftlich vieles, was als unverrückbar galt, infrage gestellt und manchmal sogar abgeschafft. Auch das Bildungssystem war und ist davon betroffen. Wie unter einem Brennglas wurden Schwächen sichtbar, von denen einige bereits bekannt waren. Bildungspolitisch wurden sie aber lange immer wieder verborgen und vergessen. Jetzt droht eine Bildungskatastrophe. Um diese verhindern zu können, bilden nachfolgende Grundsätze den pädagogischen Rahmen für einen Masterplan. Sie stellen eine Art Quintessenz der angestellten Überlegungen dar (vgl. Zierer, 2021d):

1. *Bildung, nicht Lernen*: Wann immer bildungspolitische Entscheidungen getroffen werden, darf Schule nicht auf Lernen reduziert werden. Vor Bildschirmen lässt sich in der Tat vieles lernen. Aber Lernen ist ein wertfreier Vorgang. Damit es zu Bildung wird, ist ein Austausch über das Gelernte notwendig – und diesen Austausch können nicht Maschinen ersetzen. Demokratie und Völkerverständigung, aber auch Heimatverbundenheit und Nachhaltigkeit sind beispielsweise solche Werte und das Herz der schulischen Bildung. Auch oder gerade in der Krise müssen wir diese Themen angehen. Daher die erste Forderung: Entrümpelt die Lehrpläne, damit Kinder und Jugendliche nicht nur etwas lernen, sondern sich bilden!

2. *Evidenz statt Eminenz*: Nirgends, so scheint es, gibt es so viele Meinungen wie im Bildungsbereich. Da jeder ca. 15 000 Stunden seines Lebens in der Schule war (vgl. Rutter et al., 1980), kann jeder irgendwie auch mitreden – und je höher das Amt, desto größer die Eminenz. Aber Meinungen sind keine Erkenntnisse, und aktuell wird nicht selten das pädagogische Anliegen von einem virologischen Argument, einem Verbandsinteresse oder einem politischen Motiv überlagert. Die Bildungsforschung liefert Evidenzen in Form von nachvollziehbaren und belegbaren Aussagen. Wir sollten daher gerade in schulischen Krisenzeiten auf deren Erkenntnisse achten. Die zweite Forderung lautet daher: Gründet einen Bildungsrat mit Pädagoginnen und Pädagogen aller Couleur, damit Kinder und Jugendliche Anwälte der Bildung bekommen!

3. *Präsenz vor Distanz*: Bereits vor Corona gab es Distanzunterricht, so dass Forschungen seit Jahrzehnten hierzu vorliegen. Das Ergebnis ist eindeutig: Bei gleicher Qualität ist Präsenzunterricht nicht zu ersetzen. Denn Bildung ist ein sozialer Prozess, und die Gleichaltrigen sind die wichtigste Motivation für Kinder und Jugendliche, in die Schule zu gehen. Präsenz ist damit auch wich-

tiger als Technik. Die Maxime, Schulen so lange es geht offenzuhalten, ist aus pädagogischer Sicht über jeden Zweifel erhaben. Somit heißt die dritte Forderung: Investiert in alle wirksamen Hygienemaßnahmen an Schulen und bitte mit einem Wumms, damit Kinder und Jugendliche in die Schule gehen können!

4. *Pädagogik vor Technik*: Digitalisierung war vor Corona das Thema und für viele ist sie die Lösung angesichts der Krise. Bei aller berechtigten Faszination von der Technik: Nach 30, 40 Jahren Bildungsforschung wissen wir, dass die Technik allein keine Bildungsrevolutionen hervorrufen wird. Erst wenn diese sinnvoll in Lernumgebungen integriert wird, kann sie wirksam werden. Aktuell wird gerade über Hybridunterricht diskutiert und die Meinung vertreten, dass dieser für ältere Lernende passend sei. Der Denkfehler ist offensichtlich und empirisch bekannt: Nicht das Alter ist ausschlaggebend für Selbstständigkeit, sondern die Kompetenz. Ein Schulsystem, das es bisher versäumt hat, Lernende zu Eigenverantwortlichkeit zu erziehen, wird es in diesen Krisenzeiten schwer haben, sie ihnen abzuverlangen. Dass soll die Notwendigkeit einer digitalen Ausstattung von Schule nicht infrage stellen, aber doch so weit relativieren, dass erst die Professionalität der Lehrpersonen diese zum Leben erwecken kann. Andernfalls droht ein digitales Mediengrab, wie es zuletzt mit Sprachlaboren und Computerräumen der Fall war. Daher heißt die vierte Forderung: Digitalisiert die Schule so viel wie nötig, so wenig wie möglich und flankiert entsprechende Investitionen immer mit Professionalisierungsmaßnahmen, damit Kinder und Jugendliche digitale Medien mit einem erkennbaren Mehrwert erfahren und erleben können!

5. *Teamarbeit statt Einzelkämpfertum*: Bildungserfolg ist nie die Sache des Einzelnen und hängt immer von mehreren Menschen ab. Den Elternhäusern kommt eine zentrale Rolle zu. Wenn in der Krise diese Kooperation auf null gefahren wird,

dann schadet man vor allem Kindern und Jugendlichen aus dem bildungsfernen Milieu – auf längere Sicht aber auch der ganzen Gesellschaft. Sodann gibt es überall in Deutschland Schulen, die die Krise auch pädagogisch bestens bewältigen konnten. Was ist deren Geheimnis? Nicht die Technik. Nicht die Lage. Es ist ein Kollegium, das mit einer Vision geführt wird und als Team agiert. In der Bildungsforschung wird in diesem Zusammenhang von „kollektiver Wirksamkeitserwartung" gesprochen.

Dieses gemeinsame Ringen nach Schulqualität ist (nicht nur) in Krisenzeiten ausschlaggebend für Bildungserfolg. Auch sie lässt sich nicht einfach so einschalten, aber doch mit klugen, systematisch aufeinander abgestimmten und regelmäßigen Kurzfortbildungen an der Einzelschule initiieren. Und so lautet die letzte Forderung: Formuliert eine Bildungsagenda 2050 und sorgt für wirksame Schulentwicklung vor Ort, damit Kinder und Jugendliche Schule als einen Lebensraum erfahren können!

Seit dem ersten Lockdown hat sich vieles verändert, und die Bildungspolitik hat eine Reihe ihrer Hausaufgaben gemacht, gerade was Hygienepläne und zusätzliche Gelder für die Digitalisierung anbelangt. So wichtig das ist: Schulen sind keine Krankenhäuser, sondern Bildungsorte. Ein pädagogischer Masterplan ist nach wie vor vonnöten. Wie es John F. Kennedy formulierte: Nur eines ist auf Dauer teurer als Bildung: keine Bildung.

Literatur

Andresen, S. et al. (2020): „Die Corona-Pandemie hat mir wertvolle Zeit genommen". Jugendalltag 2020. Hildesheim

Barmer (2021): BARMER Arztreport 2021. www.barmer.de/blob/282916/043d9a7bf773a8810548d18dec661895/data/barmer-arztreport-2021.pdf

Bignardi, G. et al. (2020): Longitudinal Increases in Childhood Depression Symptoms During the COVID-19 Lockdown. In: Archives of Disease in Childhood 0, S. 1–7, https://doi.org/10.1136/archdischild-2020-320372

BKA (2019): Partnerschaftsgewalt. Kriminalstatistische Auswertung – Berichtsjahr 2019. Wiesbaden

Brophy, J. E. (1999): Teaching. Genf

Buber, Martin (1958): Ich und Du. Heidelberg

Csíkszentmihályi, M. (2010): Das Flow-Erlebnis. Stuttgart

DAK (2021): DAK Psychreport 2021. www.dak.de/dak/download/report-2429408.pdf

Dahrendorf, R. (1965): Bildung ist Bürgerrecht. Plädoyer für eine aktive Bildungspolitik. Hamburg

Damerow, S. et al. (2020): Die gesundheitliche Lage in Deutschland in der Anfangsphase der COVID-19-Pandemie. Zeitliche Entwicklung ausgewählter Indikatoren der Studie GEDA 2019/2020-EHIS. In: Journal of Health Monitoring 5(4). https://doi.org/10.25646/7171

Deci, E. L. et al. (1993): Die Selbstbestimmungstheorie der Motivation und ihre Bedeutung für die Pädagogik. In: Zeitschrift für Pädagogik 39, Nr. 2, S. 223–238

DPtV (2021): Patientenanfragen während der Coronapandemie. www.deutschepsychotherapeutenvereinigung.de/index.php?eID=dumpFile&t=f&f=11802&token=68422b9d5fec27bb-7944192837a7dc5d8b5a0292

Ebbinghaus, H. (1885): Über das Gedächtnis. Untersuchungen zur experimentellen Psychologie. Leipzig

Eickelmann, B. et al. (2019): ICILS 2018 #Deutschland. Computer- und informationsbezogene Kompetenzen von Schülerinnen und Schülern im zweiten internationalen Vergleich und Kompetenzen im Bereich Computational Thinking. Münster

Erikson, E. H. (1966): Identität und Lebenszyklus. Frankfurt am Main

Fegert, J. M. et al. (2020): Challenges and burden of the Coronavirus 2019 (COVID-19) pandemic for child and adolescent mental health: a narrative review to highlight clinical and research needs in the acute phase and the long return to normality. In: Child Adolesc Psychiatry Ment Health 14:20. https://doi.org/10.1186/s13034-020-00329-3

Gardner, H. (1983): Frames of Mind. The Theory of Multiple Intelligences. New York

Gardner, H. (2009): Five Minds for the Future. Harvard

Habermas, J. (2019): Auch eine kleine Geschichte der Philosophie, Frankfurt

Hamilton, E. R. et al. (2016): The Substitution Augmentation Modification Redefinition (SAMR) Model. A Critical Review and Suggestions for its Use. In: TechTrends 60, S. 433–441. https://doi.org/10.1007/s11528-016-0091-y

Hattie, J. (2015): What doesn't work in education: The politics of distraction. Open Ideas at Pearson. www.pearson.com/hattie/distractions.html

Hattie, J. et al. (2018): Visible Learning. Auf den Punkt gebracht. Baltmannsweiler

Helmke, A. (2014): Unterrichtsqualität und Lehrerprofessionalität. Diagnose, Evaluation und Verbesserung des Unterrichts. Stuttgart

Hentig, H. v. (2003): Die Schule neu denken. Eine Übung in pädagogischer Vernunft. Weinheim u. a.

Jenkins, L. (2015): Optimize your school. Thousand Oaks

Klafki, W. (1995): Neue Studien zur Bildungstheorie. Zeitgemäße Allgemeinbildung und kritisch-konstruktive Didaktik. Weinheim

Koletzko, B. et al. (2021): Lifestyle and Body Weight Consequences of the COVID-19 Pandemic in Children: Increasing Disparity. In: Annals in Nutrition and Metabolism 76. https://doi.org/10.1159/000514186

López-Bueno, R. et al. (2021): Potential health-related behaviors for preschool and school-aged children during COVID-19 lockdown. A narrative review. In: Preventive Medicine 143, 106349

Luhmann, N. (1998): Die Gesellschaft der Gesellschaft. Frankfurt

MET (2010): Learning about Teaching. Bill & Melinda Gates Foundation

Meyer, H. (2004): Was ist guter Unterricht? Mit didaktischer Landkarte. Berlin

mpfs (Medienpädagogischer Forschungsverbund Südwest) (2020): JIM 2019: Jugend, Information, Medien, Basisuntersuchung zum Medienumgang 12- bis 19-Jähriger in Deutschland. Stuttgart

Nida-Rümelin, J. (2011): Die Optimierungsfalle: Philosophie einer humanen Ökonomie. München

Nida-Rümelin, J. et al. (2018): Entrümpelt die Lehrpläne. In: Der Spiegel, Nr. 27

Nida-Rümelin, J. et al. (2020): Die Debatte über digitale Bildung ist entgleist. In: Neue Zürcher Zeitung, S. 8

Nowossadeck, S. et al. (2021): Körperliche Aktivität in der Corona-Pandemie: Veränderung der Häufigkeit von Sport und Spazierengehen bei Menschen in der zweiten Lebenshälfte. DZA Aktuell. Berlin

Panda, P. K. et al. (2021): Psychological and Behavioral Impact of Lockdown and Quarantine Measures for COVID-19 Pandemic on Children, Adolescents and Caregivers: A Systematic Review and Meta-Analysis. In: Journal of Tropical Pediatrics 29;67(1):fmaa122. https://doi.org/10.1093/tropej/fmaa122

Picht, G. (1964): Die deutsche Bildungskatastrophe. Freiburg im Breisgau

Puentedura, R. R. (2021): SAMR: A Brief Introduction. http://hippasus.com/rrpweblog/archives/2015/10/SAMR_ABriefIntro.pdf

Ravens-Sieberer, U. et al. (2021): Seelische Gesundheit und psychische Belastungen von Kindern und Jugendlichen in der ersten Welle der COVID-19-Pandemie – Ergebnisse der COPSY-Studie. In: Bundesgesundheitsblatt. https://doi.org/10.1007/s00103-021-03291-3

Ricking, H. et al. (2016): Schulabsentismus und Schulabbruch. Stuttgart

Robinson, K. (2018): You, your child, and school: navigate your way to the best education. New York

Röhr, S. et al. (2020): Psychosoziale Folgen von Quarantänemaßnahmen bei schwerwiegenden Coronavirus-Ausbrüchen: ein Rapid Review. In: Psychiat Prax 47, S. 179–189

Rutter, M. et al. (1980): 15 000 Stunden. Schulen und ihre Wirkung auf die Kinder. Weilheim

Schlack, R. et al. (2020): Auswirkungen der COVID-19-Pandemie und der Eindämmungsmaßnahmen auf die psychische Gesundheit von

Kindern und Jugendlichen. In: Journal of Health Monitoring 5(4), S. 23–34

Schmidt, S. C. E. et al. (2020): Physical Activity and Screen Time of Children and Adolescents Before and During the COVID-19 lockdown in Germany: a Natural Experiment. In: Nature Scientific Report 11; 10(1):21780. https://doi.org/10.1038/s41598-020-78438-4

Sennet, R. (2014): Zusammenarbeit: Was unsere Gesellschaft zusammenhält. München

Steinert, C. et al. (2020): Gewalt an Frauen und Kindern in Deutschland während COVID-19-bedingten Ausgangsbeschränkungen: Zusammenfassung der Ergebnisse. https://celleheute.de/sites/default/files/dokumente/2020-11/Zusammenfassung%20der%20Studienergebnisse.pdf

Unger, V. et al. (2020): Unterricht während der Coronapandemie. In: PFLB 2 (6), S. 84–99. https://doi.org/10.4119/pflb-3907

Wang, J. et al. (2021): Progression of Myopia in School-Aged Children After COVID-19 Home Confinement. In: JAMA Ophthalmol 139(3), S. 293–300. https://doi.org/10.1001/jamaophthalmol.2020.6239

Wilber, K. (1987): Das Wahre, Schöne, Gute. Frankfurt am Main

Wößmann, L. et al. (2020): Bildung in der Coronakrise: Wie haben die Schulkinder die Zeit der Schulschließungen verbracht, und welche Bildungsmaßnahmen befürworten die Deutschen?. In: ifo Schnelldienst 9. München

Wu P.-C. et al. (2018): Myopia prevention in Taiwan. In: Annals of Eye Science 3:12. https://doi.org/10.1016/j.ophtha.2017.12.011

Zierer, K. (2019): Lernen 4.0 – Pädagogik vor Technik. Baltmannsweiler

Zierer, K. (2020a): Für Junge ist der schulische Lockdown eine soziale Katastrophe – der Schutz der Gesellschaft darf nicht unverhältnismässig auf ihre Kosten gehen. In: NZZ, 24.11.2020

Zierer, K. (2020b): Für die Freunde lernen wir! In: Die Zeit, Nr. 54

Zierer, K. (2020c): Herausforderung Homeschooling. Baltmannsweiler

Zierer, K. (2021a): Hattie für gestresste Lehrer 2.0. Baltmannsweiler

Zierer, K. (2021b): Prinzip Freude. München

Zierer, K. (2021c): Effects of Pandemic-Related School Closures on Pupils' Performance and Learning in Selected Countries: A Rapid Review. Eingereicht für: Education Sciences

Zierer, K. (2021d): Schulen sind keine Krankenhäuser. In: Focus, Nr. 3

Zierer, K. (2021e): Das Herz der Lehrerbildung. In: Bayerische Schule, Heft 1, S. 21–25

Über den Autor

© Klaus Zierer,
Uni Augsburg

Klaus Zierer, geb. 1976, Prof. Dr. phil. habil., ist seit 2015 Professor für Schulpädagogik an der Universität Augsburg; zuvor hatte er die Professur für Erziehungswissenschaften an der Carl von Ossietzky Universität Oldenburg inne. Er ist Associate Research Fellow am ESCR's Centre on Skills, Knowledge and Organisational Performance (SKOPE) der University of Oxford und und war einige Jahre als Grundschullehrer tätig.